Cinque Terre

und der Golf von La Spezia

Slow Food®
Unterwegs zu Wein und Kultur

Cinque Terre

und der Golf von La Spezia

 Hallwag

Die italienische Originalausgabe ist unter dem Titel
LE CINQUE TERRE E IL GOLFO DEI POETI – PAESAGGI SOSPESI SUL MARE
bei Slow Food Editore, Bra (Italien) erschienen.

Copyright © 2003 Slow Food Editore

Texte
Salvatore Marchese

Verantwortliche Herausgeberin
Maria Vittoria Negro

Art Director
Dante Albieri

Fotos
Franco Lanata, Tommy Malfanti, Musei Civici, Museo Amedeo Lia, Stefano Pallaro, Barbara Schiffini, Ufficio Storico della Stato Maggiore della Marina

Deutsche Übersetzung
Britta Nord

Gesamtproduktion der deutschen Ausgabe:
Werkstatt München GbR
Redaktion: Johannes Bucej
DTP und Satz: Anja Dengler

Projektleitung: Marc Strittmatter
Umschlagfoto: IFA/Siebig
Umschlaggestaltung: KMS Team GmbH, München
Herstellung: Maike Harmeier
Fotolithos: Ponti, Boves (Italien)
Druck: Appl, Wemding
Bindung: Auer, Donauwörth

Auflage	4.	3.	2.	1.
Jahr	2006	05	04	03

Copyright © 2003 Gräfe und Unzer Verlag GmbH, Grillparzerstr. 12, 81675 München
Alle deutschen Rechte vorbehalten

Hallwag ist ein Unternehmen des Gräfe und Unzer Verlags, München, Ganske Verlagsgruppe
hallwag-leserservice@graefe-und-unzer.de

ISBN 3-7742-0916-2

Inhalt

Grund genug für eine Reise:
Eine einzigartige Landschaft   8

Ein kleiner Leitfaden:
Meer, Wallfahrtskirchen, Terrassen   10

Sehen und verstehen: Senkrechte Weinberge   12

Tourenvorschläge   16

Erste Tour   18

Die Cinque Terre   19

Ein kleiner Leitfaden: Der Lauf der Sonne   72

Zweite Tour   74

Der Golf von La Spezia   75

Ein kleiner Leitfaden: Der Duft der Stille   140

Dritte Tour   144

Das Vara-Tal   145

Für Sie ausgewählt   163

Verzeichnis der Orte   190

Unterwegs zu Wein und Kultur

*Kunst, Wein, Natur und gutes Essen genießen:
Entdeckungsreisen im Auto, mit dem Fahrrad, zu Fuß*

Die Slow-Food-Bewegung wurde 1986 in den piemontesischen Langhe begründet, um dem unverfälschten Genuss und der puren Lebensfreude wieder zu ihrem Recht zu verhelfen, und ist mittlerweile in allen Regionen Italiens und vielen anderen Ländern bekannt. Das Slow-Food-Symbol ist die Schnecke, ein Tier, das sich vorsichtig und geduldig durch die Welt bewegt. Slow Food hat es sich zum Ziel gesetzt, das Essen als Kulturgut zu bewahren und der Bedrohung durch die überall um sich greifende Standardisierung entgegenzuwirken, kulinarische Traditionen wieder zu beleben und mit Gleichgesinnten zu pflegen, Feinschmecker über das Marktangebot zu informieren und ihnen Kriterien zu liefern, mit denen sie gute Ware zu angemessenen Preisen erwerben können, und nicht zuletzt die Umwelt gegen die Auswirkungen der chemischen Landwirtschaft zu schützen.

Der Slow-Food-Verlag ist auf das Thema Wein und Kulinaria spezialisiert und gibt Reiseführer, Handbücher, Atlanten und Kochbücher für einzelne Regionen heraus. Die Reihe »Slow Food – Unterwegs zu Wein und Kultur« wendet sich an Reisende ohne Eile. Denn nicht nur beim Essen und Trinken will gut Ding Weile haben. Die Entdeckung der Langsamkeit hat auch beim Reisen ihre Vorzüge: Man ist mit Muße unterwegs, abseits der üblichen Routen und der überfüllten Touristenorte, in Gegenden, die vielleicht nicht so berühmt sind, die aber womöglich einen noch größeren Reiz ausüben, weil man allemal »näher dran« ist.

Die durch die kleine Schnecke versinnbildlichten Slow-Touren führen durch Natur, Kunst, volkstümliche Traditionen und die Welt der typischen Weine und Spezialitäten von Gegenden, die alle durch ihre eigene, ganz spezifische Geschichte und Kultur geprägt sind. Ob nur für ein Wochenende oder für längere Zeit – Hauptsache ist, dass man sich Zeit nimmt, dass man die Stille, die Natur und die reine, frische Luft auf sich wirken lässt. Hinzu kommen zahlreiche Empfehlungen für Ausflüge ins unbekannte Hinterland – zu Fuß, mit dem Fahrrad, zu Pferd oder mit dem Boot.

Und da Reisen unserer Meinung nach auch etwas mit Kennenlernen und Verstehen zu tun hat, finden sich in jedem Buch Hintergrundtexte (»Ein kleiner Leitfaden«, »Sehen und verstehen«), die die Besonderheiten der regionalen Kultur von einem etwas anderen Blickwinkel aus darstellen und erläutern. Außerdem ist bei jeder Tour ein spezielles Augenmerk auf Wein und Spezialitäten gerichtet: Mit einem wachsamen Blick auf die Qualität der Produkte und die Professionalität des Service versorgt Slow Food Sie mit empfehlenswerten Adressen fürs Übernachten, Essen und Einkaufen.

Im Anhang werden unter dem Titel »Für Sie ausgewählt« die Highlights aufgelistet und beschrieben: Hotels, Restaurants, Gasthäuser, Kellereien, Läden mit Kunsthandwerk und Agriturismo-Betriebe – sämtlich von Slow Food ausgewählt, geprüft und für gut befunden – für die Freuden des Körpers und die des Geistes.

Grund genug für eine Reise

Eine einzigartige Landschaft

Wir laden Sie ein, eine Landschaft kennen zu lernen, deren Reiz schwer in Worte zu fassen ist. Ausblicke und Einblicke erhalten Sie zu Fuß (auf Wanderwegen und der berühmten Via dell'Amore), von Booten aus (die in der Hauptsaison regelmäßig verkehren), aber auch mit dem Auto, vor allem am Golf von La Spezia und in der Stadt selbst.

In den Cinque Terre fallen einem als Erstes die steil über dem Meer in den Stein gehauenen, mit Trockenmauern abgestützten Terrassen ins Auge. Auf diesen *cian* wachsen die Trauben für den Cinque Terre Bianco und den Sciacchetrà. Der Golf von La Spezia, auf Italienisch »Golfo dei Poeti«, Bucht der Dichter, bietet neben den literarischen Reminiszenzen die Schönheit von Portovenere und seinen Inseln, die historischen und kulinarischen Highlights von La Spezia, das Panorama und das Dorfleben von Tellaro, Fiascherino, Montemarcello, Lerici. Die Orte im Hinterland bergen ungeahnte Kunst- und Naturschätze und sind als Urlaubsziel noch weitgehend unentdeckt.

Wir laden Sie ein, die Klischees hinter sich zu lassen, die diese außergewöhnliche Gegend zu einem x-beliebigen Ausflugsort degradiert haben, an dem sonn-

tags näselnde Lautsprecherstimmen die Schiffspassagiere mit den Namen der Orte und der Stars beschallen, die hier ihren Zweitwohnsitz haben. Eine Reise in diese Gegend erfordert Muße und einen aufmerksamen Blick für das Besondere: Wirklich eins mit dem Land werden Sie nur, wenn Sie zu Fuß unterwegs sind. Auch wenn Sie sich später zu Hause vielleicht immer noch nicht erklären können, warum der Mensch die unendliche Mühe auf sich genommen hat, das Gebirge zu formen, es zu zähmen, ohne ihm sein ureigenes Wesen zu nehmen, und aus dem Nichts die abenteuerlichsten Weingärten der Welt erstehen zu lassen.

Sie werden durch die Weinberge gehen, durch die Macchia mit ihrem würzigen Duft, durch die Dörfer. Im wechselhaften Spiel des Lichts werden Sie die steil über dem Meer emporragenden Felsen, die kleinen Strände, die Inseln, die Buchten aus immer neuen Perspektiven entdecken, aus fast 500 Meter Höhe einen Blick auf das Meer werfen, die Wallfahrtskirchen in San Bernardino und in Soviore besuchen oder die Hügel im Umland von Lerici erklimmen und sich an den vielen verschiedenen Grüntönen der Wälder laben.

Wald, Weinberge, Meer. Diese drei Landschaftsformen finden ihren Ausdruck in einer Reihe einfacher, deftiger Gerichte, deren Stärke die erstklassige Qualität und die absolut frischen Zutaten sind: vom Fisch bis zum Olivenöl, vom Gemüse bis zu den Kräutern. In den Cinque Terre breiten die Frauen jeden Morgen den nächtlichen Fang auf ihren Tischen aus: Sardellen, Tintenfische, Meerbarben, Marmor- und Goldbrassen. In den Öfen backen die *focacce,* nach Genueser Tradition mit Olivenöl zubereitete Teigfladen; in den Kellern lagert der Sciacchetrà, einer der erlesensten Dessertweine Italiens. Jenseits von Riomaggiore, nach der Umrundung der Landzunge von San Pietro, leuchtet das Meer in den tausend Farben des

Golfs von La Spezia, an dem Byron und Shelley, Lawrence und Soldati ihre Spuren hinterließen. Dort liegen San Terenzo, Lerici und Tellaro, die Heimat der Miesmuscheln, Steindatteln (die inzwischen unter Naturschutz stehen) und Tintenfische. Auf den Bergen macht der Wein den Oliven Platz; wilde Kräuter bilden mit Zucchini und Artischocken den Grundstoff für unvergleichliche Gemüsekuchen; Hülsenfrüchte und Getreide werden zur *mesciua* verarbeitet, der Suppenspezialität von La Spezia. Neben *focaccia* gibt es *farinata* aus Kichererbsenmehl, *testaroli* in Rautenform oder *panigacci* sowie die in gusseisernen Formen gebackenen salzigen *crêpes* aus Weizenmehl: traditionelle Gerichte, deren Geschmack vom Olivenöl geprägt ist.

Der Zauber der Cinque Terre und des Golfs von La Spezia erschließt sich Ihnen am besten, wenn Sie sich von überkommenen Vorstellungen lossagen; geben Sie der Eile keine Chance, wenn Sie die Traditionen und die Kultur einer Gegend kennen lernen möchten, die durch die Besuchermassen zwar verändert, aber nicht zerstört wurde. Seien Sie genauso direkt und offen wie die Einheimischen, die Dichter wie Eugenio Montale und Maler wie Telemaco Signorini, Renato Birolli und Antonio Discovolo ohne großes Aufhebens in ihrer Mitte willkommen heißen.

Ein kleiner Leitfaden

Meer, Wallfahrtskirchen, Terrassen

Übers Meer sind es nur wenige Meilen von der Punta Mesco nach Riomaggiore, vom einen zum anderen Ende jenes Streifens der ligurischen Küste, der unter dem Namen Cinque Terre bekannt ist, was so viel heißt wie »Fünf Orte«. Und vom Meer aus haben Monterosso, Vernazza, Corniglia, Manarola und Riomaggiore auch tatsächlich Gemeinsamkeiten. Manarolas schwarzer Felsen, ein Motiv für viele Maler, ragt überraschend aus dem steilen Hang von Corniglia empor. Riomaggiore und Vernazza zwängen sich in zum Meer hin abfallende enge Täler. Vernazza und Monterosso sind durch ihre von kleinen Schiffen angefahrenen Häfen geschützt. Das grünblaue Muster der Berge und des Meeres wird von farbigen Tupfern durchbrochen: die Häuser, die übereinander gebaut sind, damit der wenige Raum möglichst gut genutzt wird.

Morgens steht die Sonne über dem Grat. Das satte Grün lässt die senkrecht ins Meer stürzenden Felswände weniger tief wirken. Nachmittags verfangen sich die Sonnenstrahlen im Dunstschleier über dem Meer, bevor sie das Rätsel der Cinque Terre erhellen können. Die bunten Häusertrauben sind von Trauben anderer Art umgeben, die grün bis bernsteinfarben schimmern: Bosco-, Vermentino- und Albarola-Reben, der Rohstoff für einen delikaten Weißwein und den sagenhaften Sciacchetrà, den ältesten aller Passito-Weine.

Monterosso liegt am Fuß des breiten Hangs des Corone. Zwischen Corniglia und Volastra beginnt die einzigartige Terrassenlandschaft, die bis nach Manarola, Riomaggiore und Tramonti reicht. Volastra hoch oben ist kaum auszumachen. Groppo versteckt sich hinter den Bergen. Um die Geschichte der fünf Orte (auf dem Land, nicht auf

dem Meer) zu erkunden, muss man also in die Berge vorstoßen, auf die mit steilen Pfaden überzogenen, auf 400 bis 500 Meter ansteigenden Hänge. Von dort oben erscheint das Meer weit entfernt, dunkeltürkis am Morgen, fahlblau und diesig am Nachmittag. Manchmal verschwindet es auch, das Meer. Zum Beispiel wenn man der Via dei Santuari folgt, dem Weg Nummer 1, der von Portovenere nach Levanto (und weiter) führt. Die Straße der Wallfahrtskirchen ruft die Religiosität der Menschen in den Cinque Terre in Erinnerung, die in den Bergen lebten, bevor sie auf der Suche nach neuen Horizonten zum Meer hinabzogen. Soviore, Reggio, San Bernardino, Volastra und Montenero sind Zeugen dieser Vergangenheit und Voraussetzung für das Verständnis der Gegenwart.

Um sich Raum zu schaffen, hat der Mensch den Bergen eine neue Gestalt gegeben, und zwar überall, wo dies zwischen Monterosso und Riomaggiore möglich war. Die Bewohner der einzelnen Orte kannten sich nicht und fanden doch für die gleichen Probleme überall die gleichen Lösungen. Die Cinque Terre sind wie durch ein unsichtbares Band verbunden, das, zwischen Himmel und Meer gespannt, die Weintrauben an Pergolen und Drähten und die Häusertrauben am Fels fest hält. Unter den Trauben schlängeln sich die Bahnschienen entlang. Der Zug donnert durch die Tunnel, die entscheidend zur jüngsten Geschichte der Cinque Terre beigetragen haben, doch er wird nie dieses Band zerreißen können, das zwischen den Kirchen, den Weinbergen und den Häusern geknüpft ist. Hier leben Menschen, die mit ihren Händen eine einzigartige Landschaftsskulptur geschaffen haben.

Sehen und verstehen

Senkrechte Weinberge

Die Terrassen – die *cian* – sind das, was auf den Hängen der Cinque Terre als Erstes den Blick auf sich zieht: Sie bilden eine wahre Landschaftsskulptur, eine gewaltige, kühne, raffinierte Freilichtkathedrale, die ihrem Besucher wie jede Kultstätte ein gehöriges Maß an Respekt und Bewunderung abverlangt.

Wie und warum – und vor allem wann – dieses Projekt geboren wurde, das aufgrund seiner Dimensionen eine ganz besondere Landschaft nachhaltig geprägt hat, bleibt ein ungelöstes Rätsel. Warum Weinberge und warum nur Weinberge? Dermaßen spezialisierte Kulturen waren, zumindest im Altertum, rar und, wenn überhaupt, in besser zugänglichen Gebieten angesiedelt, die leichter zu bewirtschaften und daher rentabler waren. Es ist unbegreiflich, warum ein Gelände gewählt wurde, das – wenn auch in ausgezeichneter Südhanglage und deshalb optimal für den Zweck geeignet – vom Hinterland aus so schwer zu erreichen war. Und auch vom Meer aus war der Zugang schwierig, da Schiffe seinerzeit nur im kleinen Hafen von Vernazza landen konnten. War es eine geniale Idee, eine groß angelegte wirtschaftliche Maßnahme oder soll es als ein Wunderwerk der Technik angesehen werden (die Stufen halten das Wasser zurück, das sonst ungehindert ins Meer stürzen würde)? Es gibt keine schriftlichen Zeugnisse darüber, nur Vermutungen, von denen sich keine zweifelsfrei belegen lässt. Vielleicht ist es besser, die Landschaft einfach auf sich wirken zu lassen, die senkrechten Felswände, den intensiven Kräuterduft, die Reben, die beharrlich in dem vom Menschen behauenen Stein wurzeln: Einen Mythos kann man nur erspüren, nie völlig durchdringen.

Einig sind sich die Wissenschaftler indes darüber, dass Plinius der Ältere mit dem in seiner *Naturalis historia* erwähnten *vinum lunense* bereits auf den Wein aus Vernazza und Corniglia verwies. Im 14. Jahrhundert schrieb Francesco Petrarca in seinem lateinischen Gedicht *Africa*:

Der Bogen von Sestri weitet sich.
Die Weinberge unter der
hellen Sonne,
von Bacchus bevorzugt,
schauen von oben
auf Monterosso und Corniglia

herab, ihre Höhen berühmt für die Reben so süß, dass die Falerner Hügel und das große Meroe Beschämung zeigen.
Doch die Erde, die ich heute als Erster besinge, ward von Versen nicht gepriesen, vom Wetter bestraft oder Dichtern unbekannt.
Aus heutiger Sicht scheint der Dichter dem Historiker zu widersprechen, vor allem, wenn man die letzten drei Verse betrachtet, insbesondere »vom Wetter bestraft oder Dichtern unbekannt«. Dagegen lässt sich argumentieren, dass Plinius Lehr- und Nachschlagewerke verfasste, die als Wissensquelle dienten, aber bestimmt kein Dichter war, und dass Petrarca darauf anspielt, dass die Weine der Cinque Terre (ungeachtet ihrer Bekanntheit unter Weinkennern) in der schönen Literatur nicht gerühmt wurden, was damals auf den Falerner sehr wohl zutraf (man denke nur an Horaz und Ovid). Au-

ßerdem ist nicht gesagt, dass der *vinum lunense* ausgerechnet aus den Trauben der Cinque-Terre-Terrassen gekeltert wurde: Zwischen Luni und Monterosso liegen mehr als 40 Kilometer und es ist sehr wahrscheinlich, dass die Rebstöcke (womöglich die gleichen, die heute noch angebaut werden) auf ebeneren, leichter zu bestellenden Flächen wuchsen.

Eine Frage bleibt jedoch: Warum weist Petrarca nicht auf die auffälligen Terrassen hin, indem er sie zum Beispiel als bedeutende menschliche Errungenschaft preist? Vielleicht waren die Cinque Terre ja so etwas wie eine Strafkolonie; Sklaven und Verbrecher wurden dort eingesetzt, doch es sind keine detaillierten Schilderungen überliefert, die eine genaue Datierung erlauben. Manche behaupten, die Terrassen habe es schon in vorrömischer Zeit gegeben, und in der Tat spricht einiges für eine prähistorische »lunensische« Epoche (von der eine Höhle auf Palmaria und ein Monolith in Tramonti zeugen); andere sind der Meinung, die *cian* seien erst nach dem schicksalhaften Jahr 1000 entstanden. Wie dem auch sei, der Erfindungsgeist, mit dem den steilen Klippen dieses atemberaubenden Stücks ligurischer Küste der Lebensraum abgetrotzt wurde, verdient in jedem Fall Bewunderung.

Doch der Kampf zwischen Mensch und Natur ist noch nicht entschieden. Aufgrund der Beschaffenheit des Bodens sind die verschiedenen Ebenen wie die Steinchen eines Wandmosaiks fest miteinander verbunden: Werden die untersten, ganz nah am Wasser gebauten Terrassen nicht instand gehalten, droht alles in sich zusammenzustürzen. Die gleiche Gefahr besteht, wenn die Felder am Bergkamm nicht gepflegt werden: Lose Erde und Steine können sich zu wahren Lawinen auswachsen. Würde sich niemand mehr um die Weinberge kümmern, so hätte das katastrophale Auswirkungen – nicht nur auf die Landwirt-

schaft, sondern auch auf das Gleichgewicht der gesamten Kulturlandschaft.

Die wundersame Statik der Trockenmauern muss also bewahrt werden. Aber vor allem muss den Menschen, die weiterhin die Weinberge bewirtschaften, ein ordentliches Einkommen garantiert werden, weil ihre Arbeit von unschätzbarem Wert für die Allgemeinheit ist.

Die Existenz und der grandiose Anblick dieses Landstrichs ist also einzig und allein dem Wein zu verdanken.

TOURENVORSCHLÄGE

TOUREN UND AUSFLÜGE

 MIT DEM AUTO

 MIT DEM BOOT

 ZU FUSS

 ABSEITS DES WEGES:
WEITERE TOURENEMPFEHLUNGEN

CINQUE TERRE UND DER GOLF VON LA SPEZIA

Erste Tour
Die Cinque Terre

Auf der Wanderung von Monterosso über Vernazza, Prevo, Corniglia und Manarolo nach Riomaggiore lernt man einen der schönsten Küstenstreifen der Welt kennen: eine Landschaft, die durch ihre unzugängliche Natur von Motorenlärm, Asphalt und Beton verschont geblieben ist. Der Mensch hat sein Scherflein in Form einer außergewöhnlichen Felsarchitektur beigetragen: Terrassen und Treppen für die verrücktesten Weingärten, die man je gesehen hat. Hier entstehen der Cinque Terre Bianco und der erlesene Dessertwein Sciacchetrà, äußerst charaktervolle Gewächse. Die Tour schließt Ausflüge zu den Wallfahrtskirchen von Volastra, Montenero und Soviore sowie einen Abstecher zu dem sehr interessanten Städtchen Levanto ein. Als Krönung des Ganzen eine Küche, in der Fisch, Gemüse und Kräuter aufs Feinste harmonieren.

Zweite Tour
Der Golf von La Spezia

Von Portovenere, einem alten Fischerdorf, das außer mit einer traumhaften Lage auch mit zahlreichen Baudenkmälern aufwarten kann, führt die Route nach Ameglia, wo die Magra-Mündung die Grenze zur Toskana markiert. Unterwegs trifft man auf die ruhige Bucht von Le Grazie, danach geht es hinauf nach Biassa, Campiglia und zu den Weinbergen von Tramonti, einem weiteren Beispiel für die Beharrlichkeit und die Kreativität, mit denen die ligurischen Bauern die Landschaft formten. Es folgen La Spezia mit seiner Marinewerft und seinen Museen und die von Dichtern umschwärmte Küste: San Terenzo, Lerici, Fiascherino, Tellaro mit schönen Stränden. Fantastische Ausblicke hat man bergan nach La Serra und Montemarcello und schließlich nach Bocca di Magra hinab.

Dritte Tour
Das Vara-Tal

Weniger bekannt als die oben beschriebenen Ziele und etwas weiter abgelegen ist das *Val di Vara*. Es ist aber dennoch einen Abstecher wert: erholsame Natur mit Wäldern und wenig Feldern; der Anbau war hier immer ertragsarm und beschwerlich. In den über das Tal verstreuten Ortschaften – Pignone, Borghetto, Varese, Sesta Godano – finden sich Burgen, Festungen, Brücken, Klöster, die einst heiß umkämpft waren: ein Stück Geschichte, auf das die Einheimischen genauso stolz sind wie auf die Rezepte der ländlichen Küche.

Erste Tour

Von Monterosso al Mare nach Riomaggiore über Vernazza, Santuario di Reggio, Prevo, Santuario di San Bernardino, Corniglia und Manarola

Ausgangspunkt: Monterosso al Mare
Zielpunkt: Riomaggiore
Kilometer: 11
Voraussichtliche Dauer: 2 Tage

Ausflüge:
nach Montenero,
Volastra
und Sovione

Abseits des Weges:
Levanto

Die Cinque Terre

Die Cinque Terre

Monterosso ist der größte der »Fünf Orte« und neben Riomaggiore am besten zugänglich. Er ist deshalb der Ausgangspunkt dieser Tour, die uns entlang der Steilküste durch eine einzigartige Landschaft führen wird.

Mit dem Auto erreichen Sie Monterosso, indem Sie von Levanto (Autobahnausfahrt Carrodano) bis zur Colla di Gritta (336 Meter über dem Meeresspiegel) hinaufkurven oder in **Brugnato** von der Autobahn abfahren und die Kastanien- und Eichenwälder auf den Bergen um Pignone durchqueren. Von dort sind es nur wenige Minuten bis zum Abzweig nach Levanto; nach vier Kilometern Serpentinen abwärts befinden Sie sich am Ortseingang. Angesichts des Parkplatzmangels ist die Bahn jedoch die bessere Wahl: Von Levanto nach Monterosso sind es nur fünf Minuten und die Züge verkehren recht häufig.

Der Ort wird durch die Bahnlinie geteilt. Dem Gefälle folgend hat sich der typisch ligurische alte Ortskern in Richtung **Fegina** ausgedehnt, wo in den Sechzigerjahren eine intensive Bautätigkeit einsetzte. Durch die Abdeckung eines Bachs (fast alle Ortschaften der Cinque Terre sind an Wasserläufen entstanden, die ins Meer münden) konnten größere Häuser und Hotels errichtet werden. Nicht von ungefähr herrscht in Fegina hauptsächlich im Sommer und an Wochenenden Betrieb.

Monterosso

BONASSOLA

42 km von La Spezia
Einwohner 989
Höhe 6 m ü. d. M.
PLZ 19011

INFORMATIONEN

Municipio
piazza Beverino, 1
Tel. 0187 813811
Fax 0187 814267

Pro Loco
via Fratelli Rezzano
Tel. 0187 813500
Fax 0187 813529
www.prolocobonassola.com
E-Mail: prolocobonassola@
libero.it

ÜBERNACHTUNG

Albergo delle Rose
via Garibaldi, 8
Tel. 0187 813713
Fax 0187 814268
E-Mail: albergodellerose@
libero.it.

Villa Belvedere
via A. Serra, 33
Tel. und Fax 0187 813622

**Villaggio Turistico
La Francesca**
località La Francesca
Tel. 0187 813911

Monterosso

Vorher standen dort nur wenige Bauern- und Fischerhäuser sowie einige noblere Gebäude: Das bekannteste war die Villa Montale, in der der spätere Nobelpreisträger viele der Gedichte schrieb, die für seine lyrische Welt kennzeichnend sind: innere Erfahrungen, die, ausgehend von Betrachtungen der Landschaft und der Natur, zu den großen Fragen der menschlichen Existenz vordringen. Eugenio Montale, der in jungen Jahren immer wieder eine Zeit lang hier lebte, hatte anscheinend kein gutes Verhältnis zu den Einheimischen, die stolz auf ihre einfache Lebensweise und allem Fremden gegenüber misstrauisch waren. Neben ihrem Charakter und den äußeren Umständen trug dazu sicherlich auch die Sturheit beider Seiten bei. Dennoch ist Monterosso al Mare in den Werken des Dichters präsent. Man erzählt sich, dass er stundenlang allein auf den Felsen von Fegina saß, wo die Wege auf den Mesco und nach Levanto abgehen und wo der Wind die salzgeschwängerte Luft vom Meer heraufträgt. Ganz in der Nähe ließen Anfang des 20. Jahrhunderts der Bildhauer Minervi und der Architekt Levacher den *Gigante* errichten, eine 1700 Tonnen schwere und 14 Meter hohe Statue aus Stahlbeton. Ursprünglich hielt der Neptun von Monterosso in der einen Hand einen Dreizack und stützte mit der anderen eine auf seiner Schulter ruhende muschelförmige Terrasse ab. Doch die Sturmfluten haben ihm im Laufe der

Framura

50 km von La Spezia
Einwohner 759
Höhe 0–754 m ü. d. M.
PLZ 19014

Informationen

Municipio
località Setta, 42
Tel. 0187 810020
Fax 0187 823071

Übernachtung

Agriturismo Foce del Prato
località Foce del Prato, 2
Tel. 0187 810223

Restaurant

Ristorante Silvia
località Costa, 1
Tel. 0187 810021
Donnerstags geschlossen.

Monterosso

Zeit so zugesetzt, dass der nutzlose Riese nun einen ziemlich merkwürdigen und tristen Anblick bietet.
Die dreistöckige Villa Montale – inzwischen in fremdem Besitz – wurde Ende des 19. Jahrhunderts gebaut: Sie steht auf der linken Seite der Via IV Novembre direkt nach dem zum Hotel Suisse führenden Privatweg; sie ist leicht an dem Türmchen und den Palmen zu erkennen. Anfang September wird auf dem Vorplatz der Villa ein unter anderem von der Gemeinde gestifteter Literaturpreis verliehen.
In Fegina befindet sich der Sporthafen des Segelklubs (der

Eingang ist am Ufer, neben dem *Gigante*), der im Juli und August Segelkurse anbietet. Die Openair-Kinovorführungen in den Sommermonaten sind zu einem Treffpunkt für Filmliebhaber geworden (die Bahn und der Parkplatz nebenan sind der Akustik allerdings nicht gerade förderlich).

Gegenüber vom Kino kann man morgens Fisch bei einer Signora erstehen, mit deren Zuvorkommenheit es sofort vorbei ist, wenn man Zweifel an der Frische ihrer Ware zu äußern wagt. Purer Fischerstolz, der auch völlig gerechtfertigt ist, denn Sardellen, Meerbarben, Meerbrachsen, Drachenköpfe und Tinten-

SARDELLEN AUS MONTEROSSO

Die Sardellen aus den Cinque Terre und besonders die aus Monterosso genießen von jeher einen hervorragenden Ruf. Auf vielen alten Fotografien, Zeichnungen und Gemälden ist die Ankunft der Fischerboote in Fegina zu sehen: Am Strand fieberm die Frauen der Rückkehr ihrer Männer und Söhne entgegen, denn diese bringen die kostbaren Früchte der äußerst anstrengenden Arbeit heim, die ihnen kaum mehr als das nackte Überleben sichert. Die Möglichkeit, Stoff für einen Kittel oder ein Hemd zu kaufen, stand und fiel mit dem Fangerfolg an der Punta Mesco. Die Boote wurden mit reiner Muskelkraft fortbewegt und die Ruder umwickelte man mit Lappen, um die Sardellen-, Sardinen- oder Makrelenschwärme nicht aufzuschrecken. Dann hieß es, die Netze auszuwerfen und geduldig abzuwarten, dass sie sich füllten, bevor sie wieder eingeholt wurden. Heute ist alles anders, und deshalb sind die einfachen Fische, mit denen man den täglichen Hunger stillte, zu einer edlen Speise geworden, die in den Restaurants der Gegend für teures Geld zusammen mit einer Flasche Cinque Terre Bianco serviert wird.

Doch was ist so speziell an den Sardellen aus Monterosso? Zuallererst ihr unverwechselbares Äußeres: Bauch und Flanken schimmern silbrig, der Rücken ist von einem kräftigen Blauschwarz. Besonders gut schmecken sie im Frühjahr und Sommer; sie sind selten länger als zehn Zentimeter, ihr Fleisch ist fest; kurz nach dem Fang sind sie schwer zu verarbeiten und glitschen aus den Fingern. Und doch kann man daraus mit wenigen Handgriffen ein Festmahl zubereiten. Kopf und Eingeweide sind schnell entfernt; man öffnet den Fisch mit dem Daumen, zieht die Gräten heraus und trennt sie wenige Millimeter über dem Schwanz ab. Die Frauen klappen den Fisch mit entschlossenem Griff auf, um ihn roh mit Öl und Zitrone sowie je nach Geschmack mit Oregano, Knoblauch oder Petersilie anzurichten; lecker sind die Sardellen auch mit Kartoffeln im Topf gegart, gefüllt und frittiert eine wahre Delikatesse. Frittieren sollte man sie am besten mit Gräten, weil sie dann besser schmecken und nicht trocken werden. Übrig gebliebene Sardellen kann man mit Essig und Gewürzen marinieren – ein altes Rezept, das sich aus der Notwendigkeit ergab, den nicht sofort verzehrten Fisch zu konservieren.

Am besten entfaltet sich der Geschmack der Sardellen jedoch, wenn sie mindestens drei Monate lang in Salzlake eingelegt waren. Das Salz reinigt den Fisch und verstärkt sein typisches säuerliches Aroma. In dieser Form können die Sardellen, gewaschen und entgrätet, mit gerösteten Paprika (und dazu gehört unbedingt leicht angetoastetes Brot sowie Butter), mit den kleinen schwarzen ligurischen Oliven, mit Olivenöl, mit Knoblauch und mit Petersilie zubereitet werden. Besonders köstlich sind sie aber auch zu Spaghetti: Man brät die Fische mit einer Knoblauchzehe in sehr heißem Öl in der Pfanne an, schwenkt die Nudeln darin und garniert das Ganze zum Schluss mit einem Stängel Petersilie.

---

fische sind wirklich von erstklassiger Qualität und schwammen wenige Stunden zuvor noch seelenruhig im Meer vor der Punta Mesco. Jenseits dieser Freifläche beginnt die Uferstraße, die zum Bahnhof und zum »alten Dorf« (wie es die Einheimischen nennen) führt. Auf dem Weg ins Zentrum begegnen einem bereits die ersten Zeugnisse der Geschichte Monterossos. Links oben die Ruinen der Burg, die im 11. Jahrhundert errichtet und mehrere Male umgestaltet wurde. Auf einem Felsen direkt über dem Meer die Torre Aurora (heute ein privates Wohnhaus), ein mächtiger Wachturm im Stil des späten Mittelalters. Diese Befestigungsanlagen lassen keinen Zweifel an der strategischen Bedeutung, die den Ort über Jahrhunderte hinweg zu einer begehrten Beute machte: Nachdem er von den Langobarden zerstört worden und 1056 an die Mönche von San Venerio auf der Insel Tino übergegangen war, gaben sich dort die Obertenghi, die Fieschi und die Herrscher von Lagneto die Klinke in die Hand. Er wurde von Sarazenen überfallen, war in die Kriege mit den Malaspina verwickelt und wurde 1241 von den Truppen Pisas unterworfen, bevor ihn 13 Jahre später Genua eroberte und damit seine Machtstellung in den Cinque Terre festigte. Am Fuß der Torre Aurora wurde im Zweiten Weltkrieg eine (inzwischen stark verfallene, aber noch zu

Monterosso

erkennende) Kasematte errichtet; weitere Bunker befinden sich in der Umgebung.

Hier ist der Tunnel nicht weit. Man kann direkt hindurch oder die kleine Straße unterhalb der Torre Aurora entlanggehen. Im ersten Fall dauert es noch einige Minuten länger, bis sich einem das Panorama mit dem Dorf, das die über die Brücke verlaufende Bahnlinie so merkwürdig entzweischneidet, dem Hafen und dem Hang des Corone darbietet. Neben dem Hotel Porto Roca unterhalb der Weingärten am Corone führt der Weg weiter nach Vernazza. Die Piazza della Marina ist der Mittelpunkt des öffentlichen Lebens in Monterosso. Er wird beherrscht von der Loggia der Kirche San Giovanni Battista, der deutlich hochmittelalterlich geprägten ehemaligen *ecclesia de mari*. Ihr Name ist kein Zufall: Johannes der Täufer ist bei den Genuesen besonders beliebt und diese besaßen die – von politischer Weitsicht zeugende – Angewohnheit, die Gotteshäuser der von ihnen eroberten Gemeinden Heiligen zu weihen, die die Bewohner an ihre Beherrscher erinnern sollten (ein weiteres Beispiel für diese Praxis ist San Lorenzo in Portovenere). Der Bau der Kirche muss sich über viele Jahre hingezogen haben (sie wurde 1307 fertig gestellt), denn in dem gotischen Bauwerk sind sowohl romanische Elemente als auch Einflüsse der für Pisa und Genua typischen Stile erkennbar. Besondere Beachtung verdienen die Rosette in der Fas-

Monterosso

sade, die wohl im 14. Jahrhundert von toskanischen Künstlern ausgeführt wurde, und der zinnenbewehrte Glockenturm, ein nachträglich erhöhter genuesischer Befestigungsturm. Der Grundriss ist der einer Basilika mit drei Schiffen und ebenso vielen Apsiden, was der gotischen Tradition entspricht. Im Innenraum ruhen fünf elegante, schlanke Spitzbögen auf Säulen mit künstlerisch gestalteten Kapitellen; zu sehen ist außerdem ein im 16. Jahrhundert entstandenes Gemälde des recht bekannten Florentiner Malers Mariotto Albertinelli, von dem in den Uffizien in Florenz eine berühmte *Heimsuchung* ausgestellt ist.

Außerhalb der Kirche befindet sich gleich neben dem Portal das Oratorio Mortis et Orationis mit einer Holzfigur aus dem 15. Jahrhundert, die den Heiligen Abt Antonius darstellt. Das Oratorium ist gewissermaßen der Sitz der *Confraternita dei Neri,* so benannt nach den schwarzen Umhängen, die die Mitglieder der Bruderschaft bei Prozessionen tragen. In ganz Ligurien formierten sich, vor allem im 16. Jahrhundert, Vereinigungen von Laien (neben den »Schwarzen« unter anderem »Weiße« und »Rote«), die die Kirche mit freiwilligen Werken der Frömmigkeit, Buße und Nächstenliebe unterstützten; welcher Gruppierung sie angehörten, konnte man an ihrer »Uniform« erkennen. Meist gab es zwei Bruderschaften und bei einigen Osterfeierlichkeiten (zum Beispiel am Karfreitag)

Levanto

36 km von La Spezia
Einwohner 5740
Höhe 3 m ü. d. M.
PLZ 19015

Informationen

Municipio
piazza Cavour, 1
Tel. 0187 802211

**Comunità Montana
Riviera Spezzina**
piazza Cavour, 10
Tel. 0187 80211

Museum

**Mostra Permanente
della Cultura Materiale**
piazzetta Massola, 4
Tel. 0187 800236
und 0187 817776
Öffnungszeiten: im Juli und
August von 21–23 Uhr;
sonst nach Voranmeldung.

Übernachtung

Primavera
via Cairoli, 5
Tel. 0187 808023
Fax 0187 801588
www.primaverahotel.com
E-Mail: info@primavera
hotel.com oder
hotelprimavera@libero.it

Stella Maris
via Marconi, 4
Tel. 0187 808258
Fax 0187 807351
www.hotelstellamaris.it
E-Mail: renza@
hotelstellamaris.it

**Villa Margherita
Bed & Breakfast**
via Trento e Trieste, 31
Tel. und Fax 0187 807212
www.villamargherita.net
E-Mail: villamargherita@
hotmail.com

Ostello Ospitalia del Mare
via San Niccolò, 1
Tel. 0187 802562
Fax 0187 803696
E-Mail: ospitalia@libero.it

Abseits des Weges

Levanto

Ausgangspunkt: Monterosso al Mare
Zielpunkt: Levanto
Voraussichtliche Dauer: 3 Stunden

 *Mit seiner Höhe von 311 Metern über dem Meeresspiegel bietet der Gipfel der Punta Mesco eine grandiose Aussicht auf die Cinque Terre und das Meer. Das Kap begrenzt die Bucht von Monterosso im Westen und gilt im Volksglauben als magischer Ort – vielleicht weil sich vom äußersten Rand des Felsens völlig unerwartet der Blick aufs offene Meer auftut. Hier treffen verschiedene Strömungen aufeinander und die Wassertiefe ist ideal für den Fischfang.*
Bis zum Jahr 1400 lebten auf dem Berg Augustiner-Eremiten und bewachten die Küste vor Piratenüberfällen. Die Überreste ihres Klosters (unter der Bezeichnung Semaforo, *Leuchtturm, bekannt) sind leider verfallen.*
Man nimmt den Weg von Fegina (beim Gigante*) nach Levanto. Der erste Abschnitt ist ziemlich steil; in normalem Tempo sollten Sie deshalb 50 Minuten bis eine Stunde dafür veranschlagen. In einer atemberaubenden Panoramalandschaft tauchen unvermutet die Ruinen der Kirche Sant'Antonio Abate auf (die heute im Oratorio Mortis et Orationis der Kirche San Giovanni Battista in Monterosso befindliche Holzfigur aus dem 15. Jahrhundert wurde wahrscheinlich dorthin verbracht, als die Augustiner den Ort verließen). Der Pfad führt durch das dichte Gestrüpp*

Monterosso

der Macchia auf den Bergsattel des Vé zu und dann mit sanftem Gefälle hinab zur Uferpromenade in **Levanto**.

Vom Semaforo bis zum Küstenstädtchen braucht man ungefähr zwei Stunden (mit dem Zug sind es von Monterosso aus fünf Minuten).

Obwohl Levanto geographisch nicht mehr zu den Cinque Terre gehört, kommt man, wenn man in dieser Gegend unterwegs ist, fast nicht daran vorbei: Abgesehen von den touristischen Attraktionen des Ortes, der mit zahlreichen Hotels, Restaurants und Strandbädern aufwartet, kann man dort auch gut das Auto stehen lassen und mit dem Zug nach Monterosso fahren. In Levanto, das ursprünglich Ceula hieß und womöglich bereits in vorrömischer Zeit entstand, hat jede Epoche sichtbare Spuren hinterlassen. So steht in der Via del Paraxo das Haus, in dem

oder beim Fest des Schutzheiligen sieht man noch heute die verschiedenfarbigen Umhänge. Wenn man von der Kirche aus die kleine Straße hinauf geht, kommt man zu einem Platz mit alten Arkaden. Hier und da das Schaufenster und das Schild einer Weinhandlung, einer Werkstatt, einer Bäckerei oder eines Souvenirshops. Für die Geschäfte wurden die Räume saniert, in denen früher die Fässer mit dem eingesalzenen Fisch, darunter die berühmten Sardellen von Monterosso, lagerten. Der Fang von Sardellen, Sardinen und Makrelen ist genauso Teil der monterossinischen Tradition wie Landwirtschaft und Weinbau. Bis vor wenigen Jahren wurden noch ausschließlich Ruderboote verwendet; deshalb konnte man bei hohem Seegang nicht ausfahren. Auch die Netze gingen leicht kaputt, aber wenn im Sommer der Fang gut war, musste der hart erarbeitete Reichtum irgendwie bewahrt werden: Die Sardellen wurden in Salz eingelegt, gelagert und

Levanto

Agriturismo Villanova
località Villanova
Tel. 0187 802517
Fax 0187 803519
www.agrivillanova.com
E-Mail: massola@iol.it

Restaurants

Antica Trattoria Centro
corso Italia, 4
Tel. 0187 808157
Dienstags geschlossen.

La Loggia
piazza del Popolo, 5
Tel. 0187 808107
Mittwochs geschlossen.

Ein Aperitif, eine Kleinigkeit zu essen, ein Kaffee

La Vineria
piazza Staglieno, 28
Tel. 0187 807239
Donnerstags geschlossen; im Sommer täglich geöffnet.

Einkaufen

Eingesalzene Sardellen

Cooperativa Acquacoltura Punta Mesco-Cinque Terre
via Guani, 17

Pizza und Focaccia

Il Falcone
via Cairoli, 19

Panetteria Raso
via Dante, 10

Weinerzeuger

Cooperativa Agricoltori Vallata di Levanto
località Le Ghiare
via San Matteo, 20
Tel. und Fax 0187 800867

der Langobardenkönig Liutprand gewohnt haben soll, und an der Piazza del Popolo die elegante Loggia des mittelalterlichen Rathauses (13. Jahrhundert). In der Nähe stößt man auf die Überreste des Ende des 12. Jahrhunderts erbauten Palazzo der Da Passano, einer Adelsfamilie, die in La Spezia Geschichte schrieb. Hinter der Loggia verläuft die ehemalige Via dei Forni (heute Via Guani): Hier war früher das Hafenviertel. Um von der Piazza del Popolo zur Kirche Sant'Andrea zu gelangen, biegt man in die Via Toso ein: Die Casa Restani (13. Jahrhundert) gehörte einer reichen Familie am Ort; die Casa del Podestà stammt aus der gleichen Zeit. Die ab 1226 errichtete und später erweiterte Kirche ist mit den Streifen aus weißem Marmor und dunklem Serpentin ein typisches Beispiel für die Genueser Gotik; Rosette und Glockenturm fügen sich, wiewohl deutlich jüngeren Datums, harmonisch in den Gesamtbau ein. Nahe der Kirche (in deren Innenraum einige bemerkenswerte Gemälde von Braccesco und ein kostbares Kruzifix zu bewundern sind) sieht man noch Teile der alten Stadtmauern und den runden Turm mit der Uhr, der über dem gut erhaltenen mittelalterlichen Mauerring aufragt. Die in der Mostra Permanente della Cultura Materiale ausgestellten Werkzeuge und Haushaltsgegenstände dokumentieren den Alltag der Bauern aus Levanto und dem Umland. Von Sant'Andrea aus können Sie entweder das Kastell ansteuern, das im 11. Jahrhundert zur Verteidigung des Hafens erbaut wurde, oder den Palazzo Comunale im Klarissenkloster aus dem 17. Jahrhundert; auf die gleiche Zeit geht das Oratorium San Rocco nebenan zurück. Sie befinden sich jetzt in der Via Garibaldi und damit schon fast am Ortsrand. Auf der anderen Seite der Allee überqueren Sie den Fluss auf einer Steinbrücke. Über eine Treppe gelangen Sie zum Franziskanerkloster Dell'Annun-

Die Cinque Terre

ziato, das im 16. Jahrhundert errichtet, nach einem Einsturz im Jahr 1613 jedoch umgebaut wurde. In der Kirche verdienen zwei Gemälde Erwähnung: Il miracolo di San Diego *(Das Wunder von San Diego) von Bernardo Strozzi (1620) und* Der Heilige Georg tötet den Drachen *(Ende des 15. Jahrhunderts); Letzteres wurde 1810 von französischen Soldaten entwendet und kehrte erst viele Jahre später zurück.*

Von der Ortsmitte erreicht man die Strada Statale Aurelia in der Nähe des Ortes La Baracca (am Bracco-Pass) nach 16 Kilometern Serpentinen über Hügel, auf denen sich vereinzelte Häuser und hübsche Dörfchen in den Olivenhainen verstecken. Wenige Kilometer auf schmalen Straßen trennen Levanto hingegen von dem Badeort **Bonassola,** *der für seine Höhlen aus rotem Marmor bekannt ist.*

Ein letzter Tipp: Für einen Aufenthalt in Levanto empfehlen sich besonders der 24. und der 25. Juli, wenn der Ort seinen Schutzheiligen San Giacomo und die »Festa del Mare« feiert. Geschichtliche Bezüge und religiöser Kult (der Heilige Jakobus wird in diesem Teil von Ligurien sehr verehrt) verbinden sich zu einem einzigartigen Spektakel mit Umzug in historischen Kostümen. Am Ende werden Hunderte von Lichtern aufs Wasser gesetzt und von der Strömung aufs offene Meer hinausgetrieben, während der Himmel von einem fantastischen Feuerwerk erleuchtet wird.

Die kulinarische Spezialität des Ortes sind in Olivenöl frittierte Gemüse-Ravioli, die auf eine sehr lange Tradition zurückblicken. Jede Familie in Levanto hat ihr eigenes Rezept. Um sie zu probieren, müssen Sie in einem der wenigen Restaurants einkehren, auf deren Speisekarte neben anderen regionalen Gerichten auch **gattafin** *verzeichnet ist.*

Monterosso al Mare

34 km von La Spezia
Einwohner 1550
Höhe 12 m ü. d. M.
PLZ 19016

Municipio
piazza Garibaldi, 35
Tel. 0187 817525
Fax 0187 817430

**Ente Parco
delle Cinque Terre**
Ufficio Accoglienza
c/o Stazione ferroviaria
Tel. 0187 817059

Pro Loco
via Fegina, 38
(unterhalb des Bahnhofs)
Tel. 0187 817506
Fax 0187 817825

Übernachtung

Albergo degli amici
via Buranco, 36
Tel. 0187 817544
Fax 0187 817424
www.cinquetrerre.it/
hotelamici
E-Mail: amici@cinqueterre.it

Locanda Il Maestrale
via Roma, 37
Tel. 0187 817013
Fax 0187 817084
www.monterossonet.com
E-Mail: maestrale@
monterossonet.com

Porto Roca
via Corone, 1
Tel. 0187 817502
Fax 0187 817692
www.portoroca.it
E-Mail: portoroca@portoroca.it

**Foresteria
del Santuario di Soviore**
località Soviore
Tel. 0187 817385

Restaurants

Il Ciliegio
località Beo, 2
Tel. 0187 817829
Montags geschlossen; im Winter
nur am Wochenende geöffnet.

erst Wochen später verkauft. Leicht verderbliche und besonders große Fische trugen die Frauen in Körben viele Kilometer weit auf kleinen Pfaden und Felstreppen in die Dörfer des Hinterlands, um sie dort loszuschlagen. Wenn man nicht auf dem Meer war, arbeitete man im Weinberg, im Olivenhain oder im Gemüsegarten, wo es die Zitronen zu ernten galt, für deren Qualität Monterosso ebenfalls bekannt ist.

Wenn man von der Kirche auf die Hauptstraße, die Via Roma, zurückkehrt, stößt man auf den ehemaligen Palazzo del Podestà (heute ein Restaurant), der vermutlich zwischen dem 13. und 14. Jahrhundert erbaut wurde. Die verwaschenen Pastellfarben der Häuser sorgen für eine ganz eigene Atmosphäre. Bald gilt die gesamte Aufmerksamkeit den Düften, die aus den Küchen der vielen Lokale auf die Hauptstraße und die Gassen dringen, in denen immer Betriebsamkeit herrscht, vor allem jedoch am Donnerstagmorgen, wenn Wochenmarkt ist. Dank dem milden Klima ist in Monterosso wie in allen Or-

Monterosso

ten der Cinque Terre das ganze Jahr Saison; auch im Spätherbst sind hier noch Touristen unterwegs. Auf dem Weg nach oben passiert man den schönen Laubengang gleich hinter dem Pozzo. Geht man hinunter in Richtung Meer und hält sich nach dem Moretto links, gelangt man in das einstige Judenviertel, die »Zuecca«.

Von hier ist man in wenigen Minuten am **Kapuzinerkloster** samt Kirche, das auf dem Hügel San Cristoforo über dem Ort thront: Aufsteigen kann man entweder vom Ort aus (Pension Pasquale oder Buranco), vom Tunnel aus, der nach Fegina und zum Mesco führt (in der Nähe des Bunkers unterhalb des Torre Aurora), oder von der Uferstraße aus (ab den Agaven ist der Weg ausgeschildert). Lassen Sie sich nicht entmutigen, wenn Sie schon nach wenigen Metern aus der Puste sind: Der Aufstieg lohnt die Mühe auf jeden Fall und Sie kommen mit jedem Schritt der wunderbaren Welt der Cinque Terre ein Stück näher.

Die Klosterkirche birgt einige wertvolle Gemälde, darunter

Monterosso al Mare

Pizza

Miki
via Fegina, 104
Tel. 0187 817608
Dienstags geschlossen;
im Sommer täglich geöffnet.

Ein Kaffee, ein Aperitif

Bar Centrale
via Garibaldi, 10

Latteria Giuliana
località Fegina
an der Strandpromenade
von Fegina

Einkaufen

Brot, Pizza und Focaccia

Focacceria Il Frantoio
via Gioberti, 1

Il Fornaio di Monterosso
località Fegina
via Fegina, 112

Fisch

Giuliano Poggi
località Fegina

I Pigia Ninte
via Verdi

Wein

Enoteca Internazionale
via Roma, 62

Ciak
via Roma, 4

Geschenk- und Haushaltsartikel

La Gazza Ladra
piazza Matteotti, 6

die *Kreuzigung* von Van Dyck und ein dem ligurischen Maler Luca Cambiaso zugeschriebener *Heiliger Hieronymus*. Das Schicksal des Klosters ist seit Ende des 16. Jahrhunderts eng mit dem des Ortes und seiner Bewohner verknüpft. 1593 kam der Kapuzinerpater Vinzenz von Genua in die Gegend, um die Gläubigen zum Fasten anzuhalten, und es gelang ihm, die verfeindeten Gruppen im Dorf zu versöhnen. Die Monterossiner waren dankbar für diese Lektion in Sachen Frieden und überlegten, wie sie sich erkenntlich zeigen könnten. 1618 errichteten sie zunächst ein Kreuz auf dem Hügel San Cristoforo; im darauf folgenden Jahr wurde mit großzügiger Unterstützung des Genueser Adligen Gian Fabio Squarciafico, der Mönch und Prediger geworden war, gleich nebenan der Grundstein für das Gebäude gelegt; die Kirche wurde am 26. Mai 1623 dem Heiligen Franz von Assisi geweiht. Das Kloster wuchs und gedieh, bis mit dem napoleonischen Edikt von 1810 alle Orden aufgelöst und die Brüder vertrieben wurden. 1816 kehrten sie zurück, was, wie die Chroniken berichten, im Dorf mit einem großen Fest gefeiert wurde. 50 Jahre später mussten die Kapuziner ihr Heim erneut verlassen, das erst als Klipp- und Stockfischlager diente und ab 1887 als Krankenhaus, in dem die für den Bau der Bahnlinie Genua-La Spezia angeheuerten und an Cholera erkrankten Arbeiter behandelt wurden. 1894 erwarb der aus Monterosso stammende und in Genua tätige Priester Don Giuseppe Policardo das Gebäude und nutzte es als Wohnhaus; da er die Kapuziner jedoch als Erben einsetzte, ging es nach seinem Tod wieder in deren Besitz über. 1962, 340 Jahre nach der Ankunft der

ersten Brüder in Monterosso, wurde die von Silvio Monfrini gefertigte Statue des Heiligen Franz von Assisi aufgestellt.
Vom Kloster aus kehren Sie ins Dorf zurück, wo dann die lange Wanderung nach Vernazza beginnt. Ausgangspunkt ist die Eisenbahnbrücke an der Piazza Garibaldi. Die Route, auf der man die gesamten Cinque Terre durchwandern kann, ist der Weg Nummer 2 des Italieni-

Monterosso

MONTALE UND DIE CINQUE TERRE

Eugenio Montale lebte während des Sommers in Monterosso. Hier schrieb er einen großen Teil der Gedichte, die in der Zeitschrift *Primo Tempo* und 1925 gesammelt unter dem Titel *Ossi di seppia* erschienen. In jenen Jahren machten zwei weitere ligurische Dichter, Camillo Sbarbaro und Ceccardo Roccatagliata Ceccardi, von sich reden. Allen gemein war eine enge Bindung an ihre Heimat, deren Bewohner Gefühle sparsam äußern, jedoch durch eine tiefe Menschlichkeit geprägt sind.

Eine fast zärtliche Beschreibung der Cinque Terre liefert Eugenio Montale in dem Buch *Fuori di casa*: »Steinige, karge Landschaft, den eindrucksvollsten Kalabriens ähnlich, Zuflucht für Fischer und Bauern, die auf einem immer schmaler werdenden Streifen Strand ihr Dasein fristen, nackter, würdevoller Rahmen einer der ursprünglichsten in Italien. Vernazza und Corniglia, besiedelt von Falken und Möwen, Manarola und Riomaggiore sind die Namen der wenigen Orte oder Ortsteile, die derart zwischen Felsen und Meer gezwängt sind.«

Von 1929 bis 1939 leitete Montale in Florenz das Wissenschafts- und Literaturinstitut G. P. Vieusseux und schrieb für die Tageszeitung *La Nazione*. Ab 1948 arbeitete er für den *Corriere della Sera*, 1967 wurde er zum Senator auf Lebenszeit ernannt, 1975 erhielt er den Nobelpreis für Literatur.

Trotz des schwierigen Verhältnisses zu den Menschen der Cinque Terre vergaß Montale die Orte zwischen Bergen und Meer nie. In seinen Gedichten wie *Mittäglich ruhen, blass, in dich gekehrt* oder *Das Haus der Zöllner* (auf Deutsch erschienen in *Glorie des Mittags*, Piper, 1960) finden sich zahlreiche Bezüge auf Monterosso.

schen Alpenvereins, der auch als »Sentiero Azzurro«, Blauer Weg, oder »Verde Azzurro«, Grünblau, bezeichnet wird. Er führt sofort bergauf zum Gebäudekomplex des Hotels Porto Roca und den Weingärten am Corone. Das erste Stück ist steil; gönnen Sie sich zum Verschnaufen ruhig hin und wieder einen Blick auf die Punta Mesco und den Strand in Fegina. Der Duft der Macchia-Sträucher kitzelt angenehm in der Nase und die farbige Blütenpracht rahmt die stetig wechselnde Aussicht. Der Weg verläuft auf dem Hügelrücken ins Landesinnere hinein; Sie überqueren erst auf einer kleinen Brücke den Acquapendente und dann den Molinaro. Wenn die Beine langsam schwer werden, seien Sie beruhigt: Jetzt ist es nicht mehr weit. Da ist auch schon ein Rastplatz, auf dem Sie unbedingt verweilen sollten, und sei es nur wegen des Panoramas: Zur Küste hin folgt der Blick den Mäandern des Tals, in dessen Mitte der Acquapen-

dente fließt, um sich schließlich vom oberen Rand einer Felswand ins Meer zu ergießen. Den schönen kleinen Wasserfall erreicht man problemlos mit Ruder-, Paddel- und Tretbooten von Monterosso und Vernazza aus (und mit ein bisschen Vorsicht kann man sogar anlegen). Wenn Sie sich satt gesehen haben, folgen Sie weiter dem Weg, der wenig später langsam abzufallen beginnt. Die Landschaft verändert sich: Steineichen, Erdbeerbäume, Erika, Myrte und Ginster weichen Oliven und Wein; schließlich künden die Türme von der nahenden Ortschaft **Vernazza**.

Über die mit Reben bepflanzten steilen Terrassenhänge – trotz der Lastenaufzüge, die die Arbeit der letzten Winzer der Gegend ein wenig erleichtern, kostet ihre Bewirtschaftung nach wie vor eine schier übermenschliche Mühe – erreichen wir im Nu die Gassen des Ortes, der dank seiner tadellosen Schönheit als »gute Stube der

Vernazza

Zu Fuß

Die Wallfahrtskirche von Soviore

Ausgangspunkt: Monterosso al Mare
Zielpunkt: Santuario di Soviore
Wegstrecke: 3 Kilometer
Voraussichtliche Dauer: 1,5 Stunden

Wenn Sie von Monterosso aus die geographischen und geschichtlichen Ursprünge der Cinque Terre erkunden möchten, müssen Sie sich auf den knapp drei Kilometer langen Weg von der Via Roma zur

Vernazza

27 km von La Spezia
Einwohner 1089
Höhe 3 m ü. d. M.
PLZ 19018

Informationen

Municipio
via San Francesco, 50
Tel. 821247
Fax 812212

**Ente Parco
delle Cinque Terre**
Ufficio Accoglienza
c/o Stazione ferroviaria
Tel. 0187 812533

Wallfahrtskirche von Soviore, etwa 500 Meter über dem Meeresspiegel, begeben. Der sehr alte und viel begangene Maultierpfad hat den Vorteil, dass er gepflastert und daher trotz des steilen Anstiegs durch teilweise nicht mehr bewirtschaftete Weinberge gut zu bewältigen ist.
Nach der Überquerung der Asphaltstraße geht es durch einen Pinienwald bis zu den Kapellen des Kreuzwegs, deren letzte den Ort markiert, an dem der Legende nach die Verehrung ihren Anfang nahm. Die Wallfahrtskirche steht wenige Meter weiter im Schatten der Bäume: Sie ist das älteste der Jungfrau geweihte Heiligtum in ganz Ligurien.
Die einstige Siedlung Albereto wurde 640 von den langobardischen Truppen aus Rotari zerstört. Bevor die Bewohner ans Meer hinunter flüchteten, versteckten sie mit großer Sorgfalt eine hölzerne Madonna. Über 100 Jahre später führte eine Taube einen Priester zu dieser Stelle, die von einem ungewöhnlichen Duft

Eine Metro am Meer

Der Zug ist das bequemste Fortbewegungsmittel in den Cinque Terre; die Stationen – Riomaggiore, Manarola, Corniglia, Vernazza, Monterosso – sind jeweils nur wenige Minuten voneinander entfernt, und man erspart sich die Suche nach einem Parkplatz. Als Ausgangspunkt eignen sich sowohl Levanto als auch La Spezia. So braucht man zum Beispiel fünf Minuten von Levanto nach Monterosso und vier von Manarola nach Riomaggiore.
Im Sommer verkehren die Züge relativ häufig und zu günstigen Sondertarifen (nähere Informationen erhalten Sie bei der Bahnauskunft). Die Strecke wird von Regionalbahnen und Interregios befahren; in La Spezia besteht Anschluss an Fernzüge. An den Frühjahrsfeiertagen muss man sich auf etwas Gedränge gefasst machen und Geduld mitbringen, doch diese Unannehmlichkeiten nimmt man für die wunderbaren Erlebnisse, die einen in den Cinque Terre erwarten, gerne in Kauf. Die Eisenbahn hat erheblich zur wirtschaftlichen und sozialen Entwicklung der Gegend beigetragen, indem sie Gebiete, die vorher nur zu Fuß erreichbar waren, aus ihrer Isolation erlöste. Die Arbeiten an der Strecke Genua–Massa begannen 1860; der Abschnitt zwischen Sestri Levante und La Spezia wurde im Oktober 1874 fertig gestellt. Für den Bau der zahlreichen Tunnel, Brücken und Dämme wurden Hunderte von Arbeitern aus ganz Norditalien angeheuert; Gast- und Wirtshäuser florierten. Für viele Küstenbewohner war dies – neben der Marinewerft in La Spezia, die von jeher ihre Fachkräfte in den Cinque Terre rekrutierte – die einzige Chance auf ein sicheres Einkommen. Es entstanden Steinbrüche und Kalkgruben; durch den Abbau von Kies und Sand und die Aufhäufung von Schutt veränderte sich die Natur erheblich. Nicht zuletzt wurde dabei jenes Meisterwerk der Landschaftskunst in den Stein gegraben, das später »Via dell'Amore«, Weg der Liebe, genannt wurde. Da viele der Arbeiter ihr Herz in den Dörfern der Cinque Terre verloren, stiftete der Felsengang tatsächlich die eine oder andere Liebe und Ehe.
In der heutigen Zeit hat eine Anstellung bei der Bahn (egal in welcher Funktion) den erfreulichen Nebeneffekt, dass die Einheimischen weiter ihre Felder bewirtschaften können und so eine einzigartige Landschaft bewahren helfen.
Inzwischen ist die seltsamste aller Untergrundbahnen (alle drei Minuten eine Haltestelle und dazwischen nichts als Tunnel) aus den Cinque Terre nicht mehr wegzudenken.

erfüllt war. Ob es eine Hütte, eine Schlucht oder eine Höhle war, ist nicht eindeutig überliefert. In der Nähe wurde jedoch ein ligurisches Grab aus dem 2. Jahrhundert v. Chr. entdeckt. Der Priester begann zu graben; dann lief er zurück, um Hilfe zu holen. Unter einer Steinplatte fand man die kostbare Marienfigur, für die erst eine Kapelle und schließlich die Kirche errichtet wurde. Schon bald wurde das Heiligtum für die Wunder, die die Madonna von Soviore vollbrachte, so bekannt, dass sogar Kaiser Otto III. auf seinem Weg nach Rom im Jahr 996 persönlich seine Aufwartung machte.

Der wuchtige, quadratische Turm besticht durch seine elegante Glockenstube. Wunderschön sind auch die Fassade mit der Rosette und das Portal, das durch die Entfernung später hinzugefügter Elemente in seine ursprünglich romanische Form mit gotischen Stilelementen gebracht wurde.

Der dichte Bewuchs sorgt für angenehme Kühle, ohne den herrlichen Blick auf Ligurien und das Meer zu versperren. Im Gästehaus kann man rasten und in einem der rund 20 kleinen Appartements nächtigen.

Zum Fest der Wallfahrtskirche Soviore am 15. August reisen jährlich Hunderte von Gläubigen an. Im Sommer finden auf dem Vorplatz Konzerte statt.

Im Inneren der Kirche sind Ausgrabungen geplant, die die Überreste von Vorgängerbauten zutage fördern sollen.

Vernazza

Cinque Terre« gerühmt wird. Das kleine Dorf ist von umso größerer Betriebsamkeit erfüllt: Ständig strömen Menschen von der Hauptstraße zum Platz am Ufer und zurück. Zwischen Juni und September ließe sich bei einer spontanen Volkszählung eine erhöhte Konzentration von VIPs jeder Couleur – mehr oder weniger ruhmreiche Persönlichkeiten aus Wirtschaft, Finanz und Adel, vom Film und vom Theater – feststellen, die meist mit dunklen Sonnenbrillen und Hüten getarnt sind. Sie kommen mit ihren Jachten: Je nach Abmessungen des Gefährts ankert man draußen und fährt mit dem Beiboot an Land oder legt direkt im Hafen an, dem größten der Cinque Terre.

Der Ort bereitet dem Besucher einen beeindruckenden Empfang: Das Grün der Weinberge, die Fassade der Kirche, der kleine Platz mit den Tischen der Restaurants, der Duft frisch zubereiteten Fischs und das Rosa der Häuser bilden eine traumhafte Kulisse. Alles hier ist lebendig und ursprünglich. Zum Glück hat die typisch ligurische Zurückhaltung der Einwohner die hemmungslose Kommerzialisierung der Idylle verhindert, mit der so viele andere Urlaubsorte verschandelt wurden. Höflichkeit ist den Menschen hier angeboren, allerdings gepaart mit einem gewissen Seemannsstolz. Nicht umsonst waren die Seeleute (in Monterosso Bootsmänner und Matrosen, in Riomaggiore und Manarolo – wegen der Nähe zu La Spezia und der Marinewerft – Mechaniker) immer auch gute Köche und Kellner, zumindest in jüngerer Zeit. Davor bewiesen sie im Kampf der Genuesen gegen die Flotte aus Pisa ihre Kühnheit. 1182 musste Genua sogar Soldaten schicken, um den Aufruhr zu besänftigen, den einige Männer aus Vernazza mit Überfällen und Räubereien zu Land und zu Wasser verursacht hatten. Diese Unabhängigkeit und Unnahbarkeit pflegen die Vernazzeser trotz der friedlichen – und einträglichen – Invasion der Touristen noch heute, und wenn man sich mit ihnen unterhält, rühmen sie sich eher der Qualität ihres Weins oder der Frische des Fischs als der Besucherzahlen in der Hochsaison.

Vulnetia war der Name der Bucht, in der die Römer anlegten, um die Fässer mit dem berühmten Vernaccia aus *Cornelia* (dem heutigen Corniglia, das zur Gemeinde Vernazza gehört) zu verladen. Aufgrund seiner strategischen Bedeutung wurde der Ort mehrfach befestigt. Das erste Bollwerk wurde im 11. Jahrhundert von den Obertenghi errichtet; in der Folge ging Vernazza als Lehen zunächst an die mächtige Familie Da Passano, die in Ponzò herrschte (das mittelalterliche Städtchen ist heute Teil der Gemeinde Riccò del Golfo), dann an die Fieschi und schließlich an Genua.

Der runde Wachturm lässt keinen Zweifel an seinem Zweck: Von dort oben bleibt einem auf dem Land und auf dem Meer nichts verborgen. In den Turm der Burg schlug 1896 der Blitz ein. Ein Mann war sofort tot, ein anderer, der sich gleichfalls im Innern aufgehalten hatte, überlebte auf wundersame Weise. Die Deutschen machten ihn im letzten Krieg dem Erdboden gleich, um an seiner statt eine Flugabwehrstellung zu errichten. Später wurde er nach Originalplänen wieder aufgebaut. Der auf einem steilen Felsen über dem Meer gelegene Turmvorplatz, den man über das von der Piazzetta Guglielmo Mar-

coni hinaufführende Gässchen erreicht, ist nach wie vor ein begehrter Ausguck – heute vor allem für Fotografen.

Das nächste Ziel ist der Hauptplatz am Hafen, wo die Boote – an Land und auf dem Wasser – auf ihren nächsten Einsatz warten. Dicht am Wasser steht der wuchtige Turm des Castello Belforte, der aussieht, als wäre er aus den Tiefen des Meers aufgestiegen, um über den Hafen und die Häuser des hübschesten der »Fünf Orte« zu wachen. Auf der anderen Seite des Platzes erhebt sich die in ihrer schlichten Harmonie unverwechselbare Kirche Santa Margherita di Antiochia, die 1318 errichtet wurde und trotz der im Laufe der Zeit erfolgten Umbauten noch klar von der ligurischen Gotik geprägt ist. Auffällig sind der 40 Meter hohe achteckige Glockenturm und die Kuppel, die aus der Balustrade emporwächst und an maurische Bauwerke gemahnt. Der dreischiffige Innenraum besticht durch die mächtigen Säulen; im Licht, das durch die dem Meer zugewandten Biforien dringt, spielt die dunkle Färbung des Steins ins Grau. Der Eingang ist sehr ungewöhnlich: Von der Tür führen Stufen zum Kirchenraum hinauf – vielleicht zum Schutz vor den Gefahren der Flut.

In dem mit Arkaden umgebenen und einem schönen Steinboden ausgestatteten alten Palazzo gegenüber der Kirche kamen früher die Einwohner zusammen. Doch der alte Ortskern von Vernazza hält überhaupt viele Überraschungen bereit: die dicht gedrängten Häuser mit ihren Schieferdächern, die Trattorien und Werkstätten, deren Türen einladend geöffnet sind, die Tore aus behauenem schwarzem Stein, die dunklen, schmalen Gassen, die auf die breitere Hauptstraße münden, für die der Bach Vernazzolo übermauert wurde. Man fühlt sich wie in einer anderen Zeit – oder wie im Märchen. Wenn Ihnen unterwegs der Duft nach *tian* – der Spezialität

Die Kirche Santa Margherita in Vernazza

DIE CINQUE TERRE

der Vernazzeser Küche – oder nach frittiertem Fisch das Wasser im Munde zusammenlaufen lässt, brauchen Sie es sich nur an einem der Tische vor dem Gianni Franzi oder dem Gambero Rosso gemütlich zu machen.

Wenn es Sie hingegen noch in den Füßen juckt, können Sie einen der Prozessionswege der Vernazzeser ablaufen, die am ersten Sonntag im August der von ihnen sehr verehrten *Schwarzen Madonna mit dem Kind* aus Reggio ihre Aufwartung machen. Die auf etwa 300 Höhenmeter oberhalb des Ortes gelegene Wallfahrtskirche erreicht man über den Kreuzweg (der vom Bahnhofsplatz in Richtung Friedhof über einen guten Kilometer steil ansteigt). Die kleinen Kapellen – besonders beeindruckend die vom Heiligen Bernhardin – und die Pflasterung des Wegs zeugen von der engen Beziehung zwischen der Bevölkerung und dem heiligen Ort. Die romanische

Kirche wurde um das Jahr 1000 auf den Überresten eines Vorgängerbaus errichtet, der möglicherweise aus der Zeit der langobardischen Eroberungen stammt; nebenan ist ein kleines Gästehaus. Das Gotteshaus wurde im 14. Jahrhundert umgebaut: Der einfache basilikale Grundriss wurde in die lateinische Kreuzform überführt; das Tympanon der Fassade wurde mit fragwürdigenFriesen verziert. Der Legende nach brachten Kreuzfahrer das Bildnis der Madonna von Reggio aus dem Heiligen Land mit: Vielleicht wird die Schwarze Madonna deshalb auch »die Afrikanerin« genannt.

Zurück in Vernazza steuern wir die nächste Station an: Corniglia. Der Weg ist gut ausgeschildert; von der Via Roma auf der Höhe des Bahnhofs steigt man durch die Gassen zu dem efeubewachsenen runden Turm empor (der geheime Zufluchtsort eines Prominenten aus der Werbebranche). Vielen gilt die Strecke zwischen Vernazza und Corniglia wegen des Panoramas und der Vegetation als eine der schönsten überhaupt. Der Weg klimmt bis auf über 200 Höhenmeter empor und das Auf und Ab eröffnet ständig neue Perspektiven auf Vernazza, dessen Landzunge wie der Bug eines Schiffes die Wellen teilt, und auf die Weinberge und Häuser von Corniglia. Sobald man den Aufstieg hinter sich gebracht hat, geht es auf dem durch seine stete Begehung glatt polierten Pflaster schnell voran. Oliven, Kastanien, Agaven und

Die Kirche Santa Margherita in Vernazza

Feigenkakteen wechseln sich ab und geben immer wieder überraschende Blicke auf die Landschaft frei. Blätter und Blüten kontrastieren auf anmutige Weise mit den Schieferdächern und dem Fels, der hier eine schwarze Färbung annimmt.

Auf etwa der Hälfte des Weges trifft man auf den Weiler **Prevo.** Wenige Häuser und viele Geschichten, die sich während der langen Isolation in Mythen verwandelten. Die alten Leute erinnern sich zum Beispiel an einen sonderlichen Greis, der am Rand eines Felsabsturzes lebte und für Freunde immer ein Glas erlesenen Wein parat hielt. An einer Kreuzung haben Sie die Qual der Wahl: Entweder Sie steigen hinauf zur Wallfahrtskirche San Bernardino oder Sie folgen dem sanft abfallenden Weg nach Corniglia. Da Sie nun schon einmal so weit oben sind, empfehlen wir einen Abstecher nach **San Bernardino;** es sind nur wenige Minuten.

Das Santuario di Nostra Signora delle Grazie e di San Bernardino kann im Gegensatz zu den anderen Marienkirchen der Cinque Terre weder mit einer langen Geschichte noch mit besonderen architektonischen Highlights aufwarten. Es wurde wahrscheinlich 1470 bis 1471, auf jeden Fall vor 1584, erbaut und durch die nachfolgenden Veränderungen nicht unbedingt verschönert. Und trotzdem ist sie nicht weniger heilig als die anderen Wallfahrtskirchen und empfängt zum Fest am 8. September zahl-

Vernazza

Übernachtung

Albergo Gianni Franzi
piazza Marconi, 1
Tel. und Fax 0187 812228

Restaurants

Gambero Rosso
piazza Marconi, 7
Tel. 0187 821260
chiuso il lunedì

Weinerzeuger

La Polenza
via San Bernardino, 24
Tel. 0187 821214
Fax 0187 812364

Corniglia

(Gemeinde Vernazza)

Informationen

**Ente Parco
delle Cinque Terre**
Ufficio Accoglienza
c/o Stazione ferroviaria
Tel. 0187 812523

Übernachtung

Agriturismo Fabio Barrani
via Fieschi, 14
Tel. und Fax 0187 812063

reiche Pilger. Das Heiligenbild über dem Altar ist ein Gemälde, auf dem früher neben der Jungfrau auch die Heiligen Bernhardin von Siena und Bernhard von Clairvaux zu sehen waren, die heute in den Nischen der Seitenwände prangen. Um das Bild rankt sich eine Wundererzählung im Zusammenhang mit dem Heiligen Bernhardin, der, wenn er in der Gegend unterwegs war, auf der Via dei Santuari zwischen Montenero und Soviore den Gläubigen predigte. Die Lage des kleinen Orts ist typisch für die Gegend: Auf 385 Höhenmeter sind die Häuser entlang des Hügelkamms aufgereiht und strahlen eine wohltuend unbeschwerte Atmosphäre aus. Jetzt können Sie sich auf den Weg nach Corniglia machen, aber nicht ohne Ihren Blick mehrmals zwischen der Spitze der senkrechten Wand, dem Felsen von Corniglia und dem unterhalb liegenden FKK-Strand von Guvano hin- und herschweifen

Corniglia

Die Herkunft eines Namens

Wann wurde der Name »Cinque Terre« zum ersten Mal verwendet? Historiker schreiben die offizielle Taufe Giacomo Bracelli zu, einem Beamten der Republik Genua, dessen Familie aus dem Hinterland der Cinque Terre, dem Vara-Tal, stammte und der 1418, 1442 und 1448 drei Schriften zum Thema verfasste. Die letzte erschien in dem geographischen Lehrwerk *Descriptio orae ligusticae* eines gewissen Flavio Biondo aus Forlì.

In der Beschreibung von *Montis Rubeum* – Monterosso – heißt es: »haec quinque loca vocantur quinque terrae«. Und der Text von 1418 besagt aus dem Lateinischen übersetzt Folgendes: »Riomaggiore liegt am Meer hinter Porto Venere und ist von Mauern umgeben; sein Boden ist so beschaffen, dass es örtliche Weine hervorbringt, die »Rocese« *(nach der weißen Rebe namens Roccese, Rossese oder Rozzese, Anm. d. Verf.)* genannt werden und lieblich sind. Es ist sieben Meilen von Porto Venere entfernt und hat über hundert Einwohner… Es folgt, gleichfalls am Meer, der Ort Corniglia mit zweihundert Einwohnern; er verfügt über genauso viele und genauso gute Weine und ist durch die Härte und Schroffheit der Felsen überaus sicher. Vernazza, so benannt nach seinem erlesenen Wein, kommt gleich danach, ebenfalls am Meer; es ist von einer dicken Mauer und von Türmen umgeben; es hat über vierhundert Einwohner… Ein Stück weiter liegt die Burg von Monte Rosso mit über dreihundert Einwohnern; sie ist mit einer hohen Mauer bewehrt und zieht wie die vorangegangenen Orte Nutzen aus dem Weinbau; diese fünf Ortschaften werden Cinque Terre genannt und zeichen sich anders als die übrigen Flecken der östlichen Küste durch die besondere Güte ihres Weins aus.«

Die ersten beiden Schriften blieben lange unbekannt. Eines der Manuskripte wurde 1520 in Paris gedruckt.

1874 kam im Florentiner Barbera-Verlag ein von Cesare Zolfanelli und Vincenzo Santini verfasster Reiseführer heraus. Bemerkenswert ist, was dort zu »Lavina di Corniglia« steht: »Es ist herrlich in der Mitte der Bucht der Cinque Terre gelegen, wo das Klima mild ist und wo Zitrusfrüchte angebaut und in großem Stil gehandelt werden. In der Nacht vom 26. auf den 27. Dezember 1853 kam es im nahen Guvano-Tal unterhalb der Kirche San Bartolomeo zu einem Erdrutsch, der sich bis zum Meer hinunter fortsetzte. Die Umwandlung des in einer Schieferschicht enthaltenen Pyrits in Eisensulfat führte zur Zersetzung des Steins; die pulvrige Masse löste sich leicht und wurde vom Wasser, das zwischen die kompakten Felsschichten drang, ausgewaschen; der so entstandene Hohlraum beeinträchtigte die Stabilität der darüber liegenden Felsschicht, die einstürzte und die fruchtbaren Weingärten, die Olivenhaine und die Häuser, die diesen Hang bedeckten, in die Tiefe riss. Der Druck der am Fuße des Hangs verstreuten Brocken war so groß, dass einige anscheinend nicht zusammenhängende Felsblöcke, die zu einem Unterwasserfelsen vor der kleinen Bucht von Guvano gehörten, nach oben gedrückt wurden und von Korallen bedeckt aus dem Wasser auftauchten… Diese, wenngleich langsame, Bewegung hielt im Jahre 1862 noch an.«

zu lassen. Nach der Überquerung der Flüsse Canaletto und Groppo geht es bergauf und bergab durch Weinberge und Olivenhaine, bis Sie in der Nähe der schönen Kirche San Pietro den Ort erreichen.

Corniglia, das römische *Cornelia,* liegt genau in der Mitte zwischen Vernazza und Manarola und ist ein Ort der Superlative: der kleinste der Cinque Terre (und offiziell Teil der Gemeinde Vernazza), der höchste (etwa 100 Meter über dem Meeresspiegel), der einzige, dessen bewohnter Teil keinen direkten Zugang zum Meer hat (dessen Strand jedoch der vielleicht bekannteste ist), der mit der längsten Treppe (die mit 377 Stufen vom Bahnhof ins Zentrum führt) und mit den tollsten Terrassen. Gegründet wurde die Siedlung wohl durch die Bewohner von Volastra, die einen Stützpunkt in der Nähe der Weinberge und Olivenhaine brauchten. Die in Corniglia betriebene Landwirtschaft genoss von jeher ein so hohes Ansehen, dass sie in vielen Urkunden erwähnt ist.

Das Meer ist also weit weg. Sehr weit weg. Die besondere Lage ist einer der Gründe für die ganz eigene Mentalität der Dorfbewohner, die ihre Beharrlichkeit nicht beim Durchpflügen der Meere, sondern beim Gestalten der Berghänge unter Beweis stellten. Ein Mann aus Monterosso, der in seiner Jugend Waren mit dem Boot ausfuhr, erzählt: »Ich war nur ein einziges Mal in meinem Leben in Corniglia. Ich war noch jung. Ich sollte dort einen Korb Sardellen verkaufen«. In dieser scheinbar banalen Aussage steckt eine ganze Menge Wahrheit über eine Gegend, in der kleine Dörfer, nur wenige Kilometer voneinander entfernt, über Hunderte von Jahren keinerlei Kontakt miteinander hatten. Cinque Terre eben: fünf eigenständige und eigentümliche Orte. Die Touristenmassen konnten der Kultur und der Lebensweise der Einheimischen vermutlich auch deshalb nichts anhaben, weil sie durch nichts aus der Ruhe zu bringen sind, weil sie Menschen und Ereignisse einfach so nehmen, wie sie sind.

Die an den ungewöhnlichen Felsen geklammerte Häusergruppe hat etwas Surreales. Die Sandsteinportale zeigen, wie weit die Geschichte der Menschen hier in die Vergangenheit zurückreicht; der Stein lässt an Kampfgeist und eine gewisse Schroffheit denken. Ganz anders wirkt hingegen die schlichte, elegante Fassade der Kirche San Pietro, die von 1334 bis 1335 auf den Überresten eines Vorgängerbaus errichtet wurde und mit einer herrlichen Rosette aus weißem Carrara-Marmor verziert ist. Unter den übrigen Ornamenten besticht vor allem ein Basrelief, das einen Hirsch dargestellt, das Wahrzeichen von Corniglia. Beschaulich präsentiert sich auch der Innenraum, obwohl er im Barock vielfach verändert wurde. Die Genueser Festungsanlagen liegen nutzlos und verfallen hoch über

Manarola

Die Cinque Terre

dem Meer; den Platz der ehemaligen Burg nimmt ein verträumter Friedhof ein. Corniglia ist nur eine bescheidene Ansammlung von Häusern, die schnell besichtigt ist; doch es lohnt sich, noch einmal umzukehren und durch die verborgenen Gässchen zu schlendern – vielleicht finden Sie sogar jemanden, der Ihnen ein paar Flaschen Sciacchetrà oder Cinque Terre Bianco verkauft.

Die erste Hälfte der Strecke haben Sie hinter sich; wie wäre es, hier, im abgelegensten und urwüchsigsten Winkel der Cinque Terre, zu übernachten? Die Möglichkeiten sind begrenzt, aber wenn Sie rechtzeitig reservieren, kommen Sie vielleicht in einem Agriturismo-Betrieb unter. Wenn Sie indes zurück möchten oder lieber in einem belebteren Ort logieren, sind Sie mit dem Zug innerhalb von zehn Minuten in Levanto oder La Spezia.

Von Corniglia aus liegt Manarola, ebenfalls wie von Zauberhand an den tiefschwarzen Felshang geklebt, zum Greifen nahe. Der Weg ist nicht weit, aber wegen häufiger Erdrutsche nicht ganz ungefährlich; man sollte auf jeden Fall achtsam sein. Kurz nach der Kirche San Pietro geht es auf vielen Stufen zum Bahnhof hinab. Danach verläuft die Straße auf der Betonstützmauer an den Gleisen entlang. Der Untergrund wechselt so oft, dass man sich vorkommt wie auf einer Crossrennstrecke.

Das Feriendorf, der Strand, der ausgediente Tunnel, die weiße Gischt der Wellen, die sich ohne Unterlass an den Felsen brechen: Alles ist völlig anders als auf den vorangegangenen Etappen. Hier wachsen Wolfsmilch und Kräuter (vor allem Spornblumen). Der Weg schlängelt sich auf halber Höhe am Berg entlang und eröffnet atemberaubende Blicke auf die Felsen, das Meer, die Kiesel am Strand von Corniglia, den sich das Wasser langsam zurückholt. Im trockenen, steinigen Gelände steigt dem Wanderer der appetitanregende Duft des Thymians in die Nase. Anschließend sind Kapern, Rosmarin und Wein am Zug. Oben auf dem Berg liegt **Volastra,** und es gibt auch einen Weg dorthin, doch Manarola ist so nah, dass man lieber dem Gefälle folgt und die Punta Buonfiglio hinter sich lässt. Kurz darauf ist man am Friedhof und an der fantastischen Steinformation von Polaedo, wo der dem Maler Renato Birolli gewidmete Spazierweg beginnt, der auf einer

Manarola

Länge von über 250 Metern in den Fels gehauen und von Steineichen gesäumt ist. In einer beeindruckenden Szenerie ist nun die Silhouette von Manarola auszumachen.

Manarola ist zweifellos der romantischste der »Fünf Orte«, vielleicht weil ihn die Via dell'Amore mit Riomaggiore (dem Hauptort) verbindet oder weil die außergewöhnliche Form der Küste, hier aus dunkelgrauen, fast schwarzen Felsen, mit dem Meer zu einem unvergesslichen harmonischen Ganzen verschmilzt. Die Stufen am Hafen gleiten ins Wasser und verschwinden mit der gesamten Anlage, wenn die Sturmflut kommt – ein überwältigendes Naturschauspiel: Die Wellen schlagen mit unerhörter Heftigkeit auf dem Stein auf, die Gischt steigt unglaublich hoch und der salzige Geruch schwängert die Luft, dringt in die Haut, die Kleider, die Häuser. Wenn das Meer so in Wallung gerät, wird alles in Bewegung gesetzt,

Corniglia

Agriturismo La Rocca
via Fieschi, 222
Tel. 0187 812178

Restaurant

A Cantina de Mananan
via Fieschi, 117
Tel. 0187 821166
Dienstags geschlossen.

Einkaufen

Feinkost und Wein

Er Cantu
via Fieschi

Manarola

(Gemeinde Riomaggiore)

Informationen

Ufficio Informazioni Turistiche del Comune
Riomaggiore
via Telemaco Signorini, 59
Tel. 0187 920113

Ente Parco delle Cinque Terre
Riomaggiore
Ufficio Accoglienza
Tel. 0187 920633

Übernachtung

Ca' d'Andrean
via Discovolo, 101
Tel. 0187 920040
Fax 0187 920452

Marina Piccola
via Discovolo, 192
Tel. 0187 920103
Fax 0187 920966

Il Saraceno
località Ava Volastra
Tel. 0187 760081
Fax 0187 760791
www.thesaraceno.com
E-Mail: hotel@thesaraceno.com

um die Boote fortzuschaffen. Eine mühselige Angelegenheit, die präzise, fest einstudierte, ja quasi angeborene Handgriffe verlangt. Es ist ein Art Ritual: ein Tribut an die geheimnisvolle Macht, die hier den natürlichen Rhythmus diktiert.

Kaum 100 Meter weiter vergisst man das Meer. Jetzt sind Mühen anderer Art gefordert: Auf den über dem Meer schwebenden Terrassen wird unter niedrig gespannten Weinranken kniend der Boden gehackt.

Der Reiz dieses Ortes erschließt sich am besten, wenn man sich in den Gassen treiben lässt, hier und da einen Blick durch offene Türen wirft, Kellereien besucht, den Empfindungen von Telemaco Signorini, Renato Birolli, Antonio Discovolo und anderen Künstlern nachspürt, die sich durch den Zauber und die raue Schönheit der Gegend inspirieren ließen.

Manarola wurde am Ufer des Groppo errichtet; der Bach gibt dem 200 Meter oberhalb liegenden Ortsteil seinen Namen, in dem sich die Genossenschaftskellerei der Cinque Terre befindet (ein Muss für jeden, der Wein oder Grappa aus der Gegend erstehen will. Der Genossenschaft gehören über 500 Winzer an und sie ist die wichtigste Institution des hiesigen Weinbaus).

Bevor der Wasserlauf abgedeckt wurde – wodurch die heutige Hauptstraße entstand – waren die beiden Ufer durch malerische Brückchen verbunden. Weiter oben stand sogar eine Mühle, in der das Mehl und, mit Hilfe der entsprechenden Pressen, das Olivenöl für den täglichen Bedarf hergestellt wurden. Hinter **Groppo** erhebt sich in herrlicher Lage der kleine Ort Volastra, dessen vom lateinischen *vicus oleaster* abgeleiteter Name auf den Olivenanbau verweist, der wie der Weinbau von jeher durch das milde Klima und die besondere Beschaffenheit des Bodens begünstigt wurde. Hier können Sie sich, wenn Sie trotz der undurchsichtigen Öffnungszei-

Manarola

ten eine Reservierung ergattert haben, im Restaurant Cappun magro in der Via Volastra an traditionellen Gerichten laben. Doch zurück nach Manarola, dessen Häuser sich an der auf dem Felskamm verlaufenden Straße entlangziehen. Bemerkenswert ist, im Vergleich etwa zu Vernazza, die Lage des wichtigsten Bauwerks, der Kirche San Lorenzo. Sie liegt am oberen Ortsende und ist wie der Kirchturm und das Oratorium dem Platz zugewandt, der früher der Mittelpunkt des gesellschaftlichen Lebens gewesen sein muss. Der Bau entstand 1338, der Innenraum wurde jedoch im Barock umgestaltet. Die Sandsteinfassade betont die klaren Linien der Marmorrosette von 1375 und des spitzbogigen Portals; der Glockenturm steht, wie bei alten Kirchen üblich, isoliert und diente auch als Wachturm. Im Presbyterium hängt ein Flügelaltar aus dem 15. Jahrhundert, der die *Jungfrau mit dem Kind und den*

Manarola

Restaurant

**Cappun magru
in casa di Marin**
località Groppo
via Volastra, 19
Tel. 0187 920563
Montags und dienstags geschlossen; nur abends, am Sonntag nur mittags geöffnet; im Sommer montags geschlossen, sonst nur abends geöffnet.

Heiligen Matthäus, Johannes dem Täufer, Katharina von Alexandria und Laurentius zeigt; auf drei kleinen Bildern über dem Altar ist *Gott Vater zwischen dem Erzengel Gabriel und Maria* abgebildet.

Manarola war früher von Mauern umgeben: Überreste davon sind auf der Klippe über dem Hafen und weiter oberhalb erhalten. Bevor es wie die anderen Orte der Gegend an Genua fiel, unterstand es der mächtigen Familie Fieschi, aus der es einer, Sinibaldo, sogar zum Papst brachte (als Innozenz IV. befahl er einen der Kreuzzüge ins Heilige Land). 200 Jahre später wurde Tommaso Parentuccelli, Priester aus Sarzana, der einige Jahre in Manarola gelebt hatte, unter dem Namen Nikolaus V. zum Papst gewählt: Der humanistisch gebildete Mann, der die typische Höflichkeit der Cinque-Terre-Bewohner mit politischem und diplomatischem Geschick paarte, festigte die päpstliche Autorität in der Kirche und legte den Grundstein für die Vatikanische Bibliothek.

Die Via dell'Amore

Zwischen den Agaven verbergen sich Höhlen, in denen Anfang des 20. Jahrhunderts eine exzentrische Persönlichkeit ihr Eremitendasein fristete. Orte der Ruhe, der sinnenden Betrachtung, der inneren Sammlung und der Liebe.

Kaum zu glauben also, dass der Küstenweg zwischen Manarola und Riomaggiore ursprünglich ein Aufbewahrungsort für den Sprengstoff war, den man beim Bau des Eisenbahntunnels (1920) und des so genannten Biassa-Tunnels brauchte. »Das erste Stück«, so erinnert sich Dario Capellini in seinem Buch *Per quell'amor di cose,* »wurde von den Arbeitern der mit der Verbreiterung des Tunnels betrauten Firma Tameo angelegt. Es war ein kurzes Stück zwischen dem Bahnhof von Manarola und dem Sprengstoffdepot, das die Firmenleitung aus Sicherheitsgründen in die abgeschiedene Vaolungo-Schlucht verlegt hatte: Der Weg war kaum der Rede wert und nur für die versierten Bergarbeiter gedacht. Als die Arbeiten abgeschlossen waren, überließ man ihn wie das Lagergebäude seinem Schicksal.«

1928 suchten die mit dem Biassa-Durchbruch beauftragten Ingenieure einen geeigneten Ort zur Lagerung des Sprengstoffs. Capellini erzählt weiter: »Sie baten Vittorio Benvenuto um Rat, der sie beherbergte und mit guten Wein versorgte. Mit dem Hintergedanken, dass mit dem Depot auch ein Weg dorthin entstehen könnte, empfahl Vittorio ihnen die Banca-Hänge und gewährte ihnen, um der Entscheidung nachzuhelfen, freien Zugang zu einem Stück seines Landes.«

Der Vorschlag wurde angenommen. Das nächste Problem betraf die Anbindung der beiden Sprengstofflager und war von einigem Belang: Zu jener Zeit war die einzige Verbindung zwischen Manarola und Riomaggiore ein gewundener Bergpfad, dessen Begehung Mühe und Achtsamkeit erforderte. Eine Abkürzung wäre ein echter Gewinn gewesen. Die Leute dachten sich, dass die beiden Sprengstofflager die ideale Lösung wären, wenn man die Zugangswege entsprechend verlängerte und unterhalb der Batternara-Steilhänge auf einer Fläche der Eisenbahngesellschaft zusammenführte.

Die Männer beschlossen, den Plan sofort in die Tat umzusetzen, und arbeiteten tagelang, ohne dafür bezahlt zu werden. Es folgten weitere Sprengungen und die Bevölkerung musste noch einige Opfer bringen, doch schließlich wurde die »Strada Nuova« eröffnet: Fortan waren Manarola und Riomaggiore durch einen außergewöhnlichen »Balkon« über dem Meer verbunden. Als verborgener und noch dazu äußerst romantischer Treffpunkt waren die Felsnischen bald ein Magnet für Liebespaare. Eines Tages fand man an der Tür des Sprengstofflagers in Manarola einen seltsamen Kreideschriftzug: »Via dell'Amore«. Und dann war es an dem Journalisten Paolo Monelli, im *Corriere della Sera* der Welt die offizielle Bezeichnung der neuen Straße der Liebe zu verkünden.

Zu Fuß

Nostra Signora della Salute in Volastra

Ausgangspunkt: Manarola
Zielpunkt: Nostra Signora della Salute di Volastra
Wegstrecke: 2 Kilometer
Voraussichtliche Dauer: 1 Stunde

 *Der Ausgangspunkt dieser Wanderung ist der Parkplatz in Manarola, wo Sie sich bei Bedarf noch einmal satt sehen sollten: Autos gibt es erst wieder in Volastra. Der Maultiersaum klettert zwischen den*

Manarola

Weinbergen den Hügel empor. Dem Kamm folgend erreichen Sie nach kurzer Zeit Volastra, wo sich unter die Rebstöcke immer mehr Olivenbäume mischen, Zeugen einer Zeit, in der das Dorf berühmt für seine Oliven war (sein Name leitet sich von vicus oleaster ab, Ort des Öls).

Die Spuren von Volastras langer Geschichte lassen sich an den klaren Linien der massiven Portale ablesen, denen eilig hochgezogene Wohnhäuser noch nicht endgültig den Garaus machen konnten. Ebenfalls noch deutlich zu erkennen ist die Hufeisenform des 340 Meter über dem Meeresspiegel gelegenen Ortes, der auf einer parallel zur Küste verlaufenden natürlichen Terrasse entstand und dessen Wege bemerkenswerterweise konzentrisch angeordnet sind.

Wenig außerhalb Volastras liegt die Wallfahrtskirche Nostra Signora della Salute, die vor einigen Jahren – mit tatkräftiger Hilfe von Freiwilligen aus dem Ort – restauriert wurde. Die romanische Kirche ist einschiffig und wurde eventuell auf den Überresten eines Vorgängerbaus errichtet. Das spitzbogige Biforium der Fassade, die Monoforien und die Farbe des Steins verleihen dem Äußeren eine schlichte Eleganz.

Ursprünglich war das Heiligtum San Lorenzo geweiht (der dann zum Patron der Kirche in Manarolo wurde); die Madonna von Volastra wird am 5. August gefeiert.

Auf Ihrem Rundgang werden Sie feststellen, dass auch Manarola von der Eisenbahn in zwei Hälften geteilt wird; ihre Trasse zog wie anderswo erhebliche Veränderungen im Ortsbild nach sich. Der verlassene Bahnhof, Endpunkt der Via dell'Amore, ist durch einen direkt auf die Hauptstraße mündenden Gang mit dem Zentrum verbunden. Die Wände des Tunnels wurden vor kurzem mit Malereien verziert, die an die örtlichen Kunsttraditionen anknüpfen. Manarola hat überhaupt eine äußerst rege Theater- und Kunstszene, für die sich vor allem ein Mann mit unermüdlichem Eifer einsetzte: der 1994 verstorbene Dario Capellini, lange Zeit Kulturdezernent bei der Provinzverwaltung und Begründer der Winzergenossenschaft.

Genießen Sie ein letztes Mal den Blick auf die abwitzig verschachtelten Häuser, während Sie die Via dell'Amore ansteuern. Den wohl populärsten Wanderweg Italiens erreicht man über den bereits erwähnten, im mittleren Abschnitt der Hauptstraße kurz vor den Gleisen beginnenden Tunnel mit den Wandmalereien. Danach geht es eine steile Treppe mit 72 Stufen hinauf zu den von Erika gesäumten Weinbergen und auf die zur Brücke umfunktionierte Betonmauer, die zum Schutz der Bahngebäude und Gleisanlagen vor Erdrutschen errichtet wurde. Der wuchtige Zweckbau will nicht recht in die Landschaft passen (der Blick auf den ins Meer hineinragenden Felsen von Manarola ist wunderschön), ist jedoch unverzichtbar für den Erhalt der Natur. Gleich dahinter beginnt die Via dell'Amore, die praktisch in die Felswand gegraben ist und deren Aussehen sich aufgrund der wechselnden mineralischen Zusammensetzung ständig ändert.

Der Stein ist anders und das einmalige Mikroklima sorgt für eine ungeheuer reichhaltige Flora. Es gibt unzählige Pflanzenarten; einige exotische Spezies sind anderswo in Italien und in Europa überaus selten anzutreffen. Angesichts dieser vielen Attraktionen ist es nicht

Bis Juni 1976 war Volastra, abgesehen von den 1000 Stufen der steilen Felstreppe nach Groppo und der Stichverbindung zu dem Weg zwischen Corniglia und Manarola, nur über den Maultierpfad zu erreichen. Heute führt von Volastra aus eine weitere Straße oberhalb von Riomaggiore nach Montenero, der nächsten Station der Via dei Santuari.

Birolli, die Cinque Terre und Patagonien

Der Maler Renato Birolli, der in den Fünfzigerjahren zeitweilig in Manarola lebte, vergleicht in einer Erzählung die Cinque Terre mit Patagonien: »Wo ein Tourist verständlich erscheinen mag, ist es ein Bauer nicht unbedingt und umgekehrt. Und die Tatsache, dass man etwas für normal hält, steigert, fern jeder surrealistischen Absicht, die Befremdlichkeit. So arg war die Natur, dass man sofort das Bedürfnis hatte herauszufinden, was Männer, Frauen und Kinder in diese Steinwüste getrieben und Bauern zu Fischern gemacht hatte. Die Dinge liegen einfach, wenn das Verhältnis zwischen Mensch und Natur logisch ist, wenn also ein Haus an einem Ort logisch und ein Mensch in diesem Haus plausibel ist. Aber wenn diese Verknüpfung zwischen Handlung, Dingen und Natur nicht sichtbar wird, ist unser Erstaunen, unsere Unsicherheit geweckt. Ich fragte daher Franco *(einen Freund aus Manarola, Anm. d. Verf.)* nach dem Warum seiner Anwesenheit, und er antwortete, das sei immer so, jedes Jahr vor der Ernte.
– Was für eine Ernte?
– Die Traubenernte.
– Trauben?
– Ja, dort oben.
Ich gebe zu, dass ich unaufmerksam war oder spät erst meinen Blick über die ansteigende Bucht schweifen ließ. Mir schien, ich hätte sie betrachtet und wäre an nichts hängen geblieben. Oder ich war traumversunken. Mein Auge berechnet bei Farben automatisch Werte, Gewichte, Maße. Ob etwas da ist oder nicht, merke ich an der Verschiedenheit seiner Farbe; ein Fleck in seiner Einsamkeit inmitten einer übermächtigen, großflächigen Farbe. Ich hätte das Feld für das Grundbuch vermessen können, so wenig war da zwischen den Steinen.
Auf der steilen, von Erdrutschen zertrümmerten, hell entblößten Haut der Erde, zwischen Brocken und Splittern und pulvrigem Kalkstein, flach im Licht, waren tatsächlich Fetzen von Grün zu sehen. So grell, dass sie unnatürlich wirkten, und das hatte mich verwirrt und von dem Gedanken an einen Weinberg abgebracht [...].
– Sie tun, was sie können. Vor vielen Jahren war die Reblaus da und sie konnten keine neuen Stöcke pflanzen. Was übrig bleibt, wird irgendwann im Meer landen.
– Diese Frau wartet auf ihren Mann, der fischen gegangen ist. Eine Familie aus Biassa. Bald kommt auch die andere.
– Sie bewachen die Wüste!?
– Nein, sie pflegen den Weinberg und essen das, was sie aus dem Meer holen.
Ich konnte mit meinen Gedanken nicht einmal diesen wenigen Tatsachen entfliehen; und es gibt niemanden, der einen wie die Ligurer sachlich und unbeirrt zu den Dingen zurückführt, als hätten sie Angst, einen zu betrügen und ihre Verpflichtungen nicht einzuhalten; wollte man, dass Poesie als solche existierte, müsste man sie erfinden und Petrarca vergessen. Doch hier ist eine Begrenzung und das muss gesagt werden.
Der Wind streift die Küste und macht schläfrig. Auch still fischen ist wie schlafen. Man schläft und erforscht den Grund des Meeres durch das Glas des schwimmenden Kessels. Und wie ich aufblicke aus dieser abgetauchten und sehr melancholischen Welt, sehe ich zwei Kinder am Rand eines Felsens, übers Wasser gebeugt wie der Vater. Sie wissen nicht um die Bedeutung der Einsamkeit und der Stille. Ich bin glücklich, sie zu sehen, doch die Gedanken rasen und die Zufriedenheit schwindet. Niemand ruft, es bedarf keiner Worte. Es scheint nicht möglich, dass unweit von hier eine städtische und ländliche Struktur existiert. Ich frage mich, wo der Fehler liegt, ob hier oder anderswo. Oder kommt es vielleicht nur darauf an, zu schweigen und denken zu können? Nein, auch das ist ein Fehler. [...]
Ein toter Winkel Liguriens ist also nach wie vor ein lebendiger Winkel, denn von Biassa steigt immer jemand herab, um für kurze Zeit das lotrechte Ufer zu bevölkern. Von diesen Leuten stehen keine Geschichten in den Zeitungen, vielleicht nicht einmal in Büchern. Um sie kümmert sich keiner. Ein Gedanke, der traurig stimmt, denn wo sich jemand Mühe gibt und diese durch keine Wichtigtuerei unterstützt oder verbreitet wird, gibt es eine Geschichte. Und die Wurzeln liegen in einer Zeit, die zu hart ist, um nicht stolz zu sein, und zu stolz, um nicht teuer bezahlt worden zu sein. Wenn der Starrsinn dieser Menschen ein Irrtum ist, was kann man dann noch sagen, um ihn auszuräumen? Italien hat jede Menge solcher Winkel, die einst notwendige Zuflucht waren, um Schlimmerem zu entgehen.«
Nicht von ungefähr kommt einem dabei Patagonien in den Sinn, wie man es sich als Kind vorstellte: eine großartige Landschaft, vom rauen Wind durchtost, in dem ein Mensch kaum mehr ist als eine Pflanze. Ja, Patagonien, im Süden der Cinque Terre.

Manarola

Manarola

Eine Kleinigkeit zu essen

Enoteca Da U Cila
via Colombo, 84

Weinerzeuger

**Cooperativa Agricoltura
delle Cinque Terre**
località Groppo
Tel. 0187 920435
Fax 0187 920076

Forlini e Cappelini
via Bernardo Riccobaldi, 45
Tel. 0187 920496

Riomaggiore

13 km von La Spezia
Einwohner 1810
Höhe 35 m ü. d. M.
PLZ 19017

Informationen

**Ufficio Informazioni
Turistiche del Comune**
via Telemaco Signorini, 59
Tel. 0187 920113

**Ente Parco
delle Cinque Terre**
via Telemaco Signorini, 118
Tel. 0187 760000
Fax 0187 760061
E-Mail: parconazionale5terre@libero.it
Ufficio Accoglienza
c/o Stazione ferroviaria
Tel. 0187 920633

Übernachtung

Hotel Villa Argentina
via De Gasperi, 170
Tel. e Fax 0187 920213
E-Mail: villargentina@libero.it

Il Borgo di Campi
località Campi
via Litoranea, km 9
Tel. 0187 760111
und 0187 920300
Fax 0187 760714
www.borgodicampi.it
E-Mail: info@borgodicampi.it

verwunderlich, wie viel Zeit in den außergewöhnlichen Weg 50 Meter über dem Meer gesteckt wurde. Das Ende der Pracht wird zwei Kilometer weiter durch die Treppe angekündigt, die zum Bahnhof von Riomaggiore führt. In den Neunzigerjahren wurde dieser berühmte Abschnitt des Wanderwegs Nummer 2 einer engagierten und verdienstvollen Restaurierungsaktion unterzogen, mit der die nicht unerheblichen, durch Erdrutsche, Erosion und das rücksichtslose Verhalten mancher Touristen verursachten Schäden behoben wurden. Die gesamte Umgebung der Via dell'Amore ist eine Art botanischer Garten, den Schüler, Studenten und Interessierte im Rahmen eines einmaligen öffentlichen Bildungsprojekts besichtigen können. Nur ein konstantes Bemühen des Menschen kann die Zukunft der Cinque Terre sichern, die im Grunde nichts anderes sind als die Teile eines grandiosen Kunstwerks: eine überwältigende, den Rahmen sprengende Landschaft mit Meer, Bergen und Grün, eine großartige Skulptur ohne Sockel.

Sie sind noch ganz benommen von dem erhebenden Gefühl, das Ihnen der Felsengang hoch über dem Meer beschert hat, da versetzt Sie Riomaggiore erneut in Erstaunen mit seinem dichten Gewirr aus Gassen und überdachten Wegen und den außergewöhnlich hohen und breiten Häusern.

Riomaggiore ist, wenn man von Genua kommt, der letzte, wenn man die Reise in La Spezia antritt, jedoch der erste der »Fünf Orte«. Von der Fahrstraße, die die Provinzhauptstadt mit der wunderbaren Welt der Cinque Terre verbindet, kann man, vor allem morgens, wenn man die Sonne im Rücken hat, die Erhebungen zählen, die Buchten und Einschnitte erahnen, die Spuren der Schwimmer verfolgen, die sich im Grün und Blau des Meeres verlieren, hier und da einen Blick auf die Terrassen erhaschen, das Pfeifen und

Riomaggiore

Donnern der Züge in den Tunneln hören, den Duft der Macchia-Sträucher schnuppern – die Empfindungen überschlagen sich.

Im Hintergrund markiert die Silhouette des Mesco die Grenze der Cinque Terre. Ein Interregio braucht acht Minuten für die neun Kilometer der Strecke zwischen Riomaggiore und Monterosso, die Regionalbahn etwa doppelt so lang. Insgesamt zehn Meilen Küste: ein Katzensprung mit dem Boot. Doch hinter diesen bescheidenen Entfernungen steckt eine gesellschaftlich, landschaftlich und geschichtlich äußerst komplexe Wirklichkeit. Riomaggiore schließt – oder öffnet, je nachdem – eine Schatzkiste, die randvoll ist mit einzigartigen und unauslöschlichen Eindrücken, die einen am Ende gar nostalgisch stimmen können. Für uns, die wir den Ort erreichen, nachdem wir bereits Monterosso, Vernazza, Corniglia und Manarola gesehen haben, ist er nicht

Riomaggiore

Restaurant

Ripa del Sole
via De Gasperi, 4
Tel. 920143
Montags geschlossen; im Sommer nur mittags geöffnet.

Weinerzeuger

Walter De Battè
via Pecunia, 168
Tel. 0187 920127-347
60197040

Mit Fässern zum Mond

Nilo Gando hat eine Volkssage überliefert, in der die Weinbautradition sinnbildhaft mit den übereinander getürmten Häusern von Riomaggiore verquickt wird. Man erzählt sich, dass die Dorfbewohner in einer herrlichen Mondnacht auf die Idee kamen, sie müssten irgendwie zu dem Himmelskörper hinaufsteigen können. Nicht ohne Mühe wurden alle verfügbaren Fässer aus den Kellern herangeschleppt und aufeinander gestapelt. Ein schwieriges Unterfangen, doch – wie Ligurer nun einmal sind, wenn sie sich etwas in den Kopf gesetzt haben – alle waren mit Begeisterung dabei. So entstand ein unendlich hoher Turm aus Bottichen jeder Art und Größe und kurz vor Sonnenaufgang war das Ziel fast erreicht: Nur noch ein einziges Fass trennte die Menschen vom Mond. Doch woher nehmen, wenn nicht stehlen und wenn vor allem nicht Manarola um Hilfe bitten? Die Dorfältesten versammelten sich, um zu beraten, und schließlich fand einer die geniale Lösung: »Wir stützen den Turm ab, einer zieht die unterste Fass heraus und setzt es oben auf.« Natürlich stürzte mit großem Getöse alles in sich zusammen und die Fässer rollten ins Meer. Als wieder Ruhe einkehrte, war der Mond verschwunden und im Licht der Sonne leuchteten die goldgelben Weintrauben. Es war Zeit für die Lese. Die Fässer hätte man gut gebrauchen können für den Wein, doch sie lagen am Meeresgrund, durch die Dummheit der Menschen für immer verloren. Auf dieser Begebenheit beruht ein Fest, das seit Hunderten von Jahren jeden September gefeiert wird. Eifer und Begeisterungsfähigkeit sind den Einheimischen wahrlich eigen. In den letzten Jahren wurde mit dem freiwilligen und selbstlosen Einsatz der Bevölkerung viel in Riomaggiore erreicht, zum Beispiel die Instandsetzung der Wege und der alten Verteidigungsgänge sowie die Restaurierung der Festungsanlagen. All das war Teil eines Projekts, mit dem den Besonderheiten der Natur endlich Geltung verschafft werden soll. Das Mikroklima hat eine große Vielfalt von Pflanzenarten hervorgebracht, die Landschaft bietet ein traumhaftes Panorama: Endlich tragen auch die Menschen von heute ihren Teil dazu bei, zu bewahren, was ihre Vorfahren geschaffen haben.

nur die Wiederkehr eines Motivs, das wir bereits aus den anderen Dörfern kennen: Weit entfernt von einem bloßen Déjà-vu konfrontiert er uns mit Häusern, die nach dem Himmel streben, mit farbenfrohen Türmen, die aussehen, als wollten sie den senkrechten Wänden des engen Tals Konkurrenz machen. Eine Etage nach der anderen, aufeinander gestapelt, miteinander verschränkt, mit dem klaren Ziel, Lebensraum zu gewinnen und jeden noch so kleinen freien Winkel zu nutzen. Auf der untersten Ebene, aber auch weiter oben, verschlingen sich Hausflure und schmale Durchgänge zu einem Labyrinth, das nur durchschauen kann, wer hier geboren ist. Was man zwischen den Steinen sicherlich nicht erwartet, ist das leuchtende Gelb von Zitronen, das Grün von Geländern, hinter denen Geranien üppig blühen: Hausgärten, in denen Basilikum und Majoran gezogen werden, Mauern, auf denen Kapernsträuche oder Agaven wachsen, eine kleine, aber feine Scholle direkt vor der Tür, deren Pflege bei weitem nicht so mühsam ist wie die der Weinberge. Die lebhafte Farbfolge der aufgetürmten Häuser wird von der zentralen Via Cristoforo Colombo – entstanden durch die Abdeckung des Flusses, der dem Ort seinen Namen gab – und der nach dem Maler Telemaco Signorini benannten Straße durchbrochen.

Erstere führt steil hinab zur Bahn und zum Meer. Viele der

Riomaggiore

Gebäude rechts und links wurden restauriert; in den Geschäften pulsiert das Leben. Sie sind am Ende Ihrer Reise angelangt. Unten an der Kreuzung geht es links durch die Unterführung zum Hafen, rechts auf dem Fußweg im Tunnel zum Bahnhof, der ideale Ausgangspunkt für die Weiterfahrt, egal wohin. Die Züge in Richtung Osten fahren nach La Spezia, das heißt, in weniger als fünf Minuten ist man unwiederbringlich aus dem Traum aufgetaucht, hat den Mythos hinter sich gelassen. Im Westen liegen die »Fünf Orte« in ihrer ganzen Herrlichkeit. Alles nah und doch so fern und so verschieden.

Zurück nach oben gelangt man auf der Via Signorini, einer Art Panorama-Umgehung, von der man das ungewöhnliche Ortsbild Riomaggiores bewundern kann: Die Häuser folgen auf mehreren Ebenen den Schwüngen des Hügelrückens, der durch Sträßchen und Trockenmauern abgestuft ist. Da die

Der Sciacchetrà

Der Passito der Cinque Terre gehört nicht nur wegen seiner unumstrittenen Qualität zu den berühmtesten Erzeugnissen Italiens, sondern auch weil zahlreiche Schriftwerke ihn zu einem Mythos gemacht haben. Er erhielt zusammen mit dem Cinque Terre Bianco bereits 1973 das DOC-Siegel. Das Rebgut setzt sich aus Bosco (60 Prozent) sowie Vermentino und/oder Albarola (bis 40 Prozent) zusammen; die Beeren werden auf Drahtgittern oder in kühlen, belüfteten Räumen hängend getrocknet. (Entgegen einer weit verbreiteten Annahme werden die Beeren nicht in der Sonne getrocknet. Der Wein würde dann nämlich unangenehm »angebrannt« schmecken und die für den Sciacchetrà typischen vielfältigen Geschmacks- und Geruchsnuancen vermissen lassen.) Wie lange sie getrocknet werden, hängt vom Zustand der Beeren ab. So steigt etwa bei häufigen Sturmfluten oder hoher Feuchtigkeit im Herbst die Wahrscheinlichkeit unerwünschter Fäule. Die Trocknung muss einen natürlichen Alkoholgehalt von mindestens 17 Prozent, davon mindestens 13,5 Prozent effektiver Alkohol, gewährleisten; der Wein ist erst nach dem 1. November des auf die Ernte folgenden Jahres für den Handel freigegeben.

Das Geschmacksspektrum des Sciacchetrà reicht je nach Sorte von süß bis nahezu trocken. Auf dem Etikett darf er als *vino dolce naturale* gekennzeichnet werden, wenn er mindestens 4 Prozent ungelösten Zucker enthält. Für die »Liquoroso«-Version wird dem Most oder dem Wein Alkohol zugesetzt; viele kleine Erzeuger lehnen diese Praxis ab und fordern strengere Vorschriften. Ihrer Meinung nach müsste es für den Sciacchetrà eine DOCG-Auszeichnung geben, die Trauben dürften erst nach dem 20. November zu Most verarbeitet werden, der Sciacchetrà Normale dürfte erst nach zwei Jahren, der Riserva nach drei Jahren in den Handel kommen. Das Gesetz schreibt einen Höchstertrag von 35 Prozent vor; in Wirklichkeit liegt er jedoch selten höher als 25 Prozent. Wenn man dann noch die mühsame Bewirtschaftung der

in Riomaggiore, Manarola, Volastra, Corniglia und Tramonti steil über dem Meer liegenden Weinberge einrechnet, erscheint der Preis für eine Flasche guten Passito gerechtfertigt. Zucker, Alkohol und die übrigen Inhaltsstoffe machen den Cinque-Terre-Nektar zu einem äußerst komplexen Wein. Nicht alle Rebsorten sind in allen Spitzenlagen vertreten. Die Kellertechniken der Winzer, die die kleinen (teilweise nur wenige 100 Quadratmeter umfassenden) Flächen bestellen, und die Ausbaumethoden sind unterschiedlich. Geringe Veränderungen können hier sehr viel bewirken und werden daher in letzter Zeit auch wissenschaftlich untersucht.

Sciacchetrà ist ein Wein für besinnliche Momente; man genießt ihn als Aperitif oder in gemütlicher Runde, vor allem abends. Traditionell wird er bei der Geburt eines Kindes, einem Studienabschluss oder einer Hochzeit getrunken, aber auch bei liebem Besuch oder als Dank für eine Gefälligkeit. Früher wurde er, vielleicht wegen seiner Heilwirkung, als kostbares Elixier sparsam ausgeschenkt.

Für den Namen konnte bisher niemand eine überzeugende Erklärung liefern. Die Ableitung von *schiacciare* (pressen) und *tirare* (zapfen) scheint etwas weit hergeholt. Eine andere sehr interessante Deutungsvariante führt den Namen auf das hebräische *shekar* zurück. Der Bibel zufolge war *shekar* im alten Palästina einerseits ein geheimnisvoller Trank mit hohem Alkoholgehalt und andererseits ein Wein, der eine bestimmte Art von Rausch verursachte. Natürlich entbehrt der Bezug zwischen dem biblischen Getränk und dem Sciacchetrà jeder sprachwissenschaftlichen und historischen Grundlage, aber dass in dieser Gegend schon in der Antike Weinbau betrieben wurde, ist sicher und bei römischen Schriftstellern nachzule-

sen. Es könnte zum Beispiel sein, dass die Griechen, die sich im 7. Jahrhundert in Montenero bei Riomaggiore niederließen, dem als Vernaccia bekannten Wein einen anderen, ihnen, die den Originaltext der Bibel kannten, vertrauteren Namen gaben.

Laut Produktionsbestimmungen umfasst der für Sciacchetrà und Cinque Terre Bianco vorgesehene Bereich »das gesamte Gebiet der Gemeinden Riomaggiore, Vernazza und Monterosso sowie die zur Gemeinde La Spezia gehörenden Gebiete Tramonti di Biassa und Tramonti di Campiglia, die im Nordwesten vom Gebiet der Gemeinde Riomaggiore begrenzt werden und im Nordosten von dem Maultierpfad, der vom Monte della Madonna (527 Meter) nach Südosten verläuft, an der Kirche Sant'Antonio (510 Meter) vorbei auf 567 und 588 Meter ansteigt, auf 562 Meter abfällt, an den Weilern Campiglia und Santa Caterina (398 Meter) vorbeiführt, von wo er dem Feldweg bis auf 351 Meter folgt. Von diesem Punkt aus ist die Grenzlinie des Gebiets der Weg, der auf 368 Meter ansteigt, an die Grenze zur Gemeinde Portovenere stößt und dieser bis zum Meer folgt.« Die Beschaffenheit der Fläche, die sich zwischen einer Höhe von fast 600 Metern und dem Meer erstreckt, wird also sehr genau beschrieben. Wie sonst nirgends auf der Welt kann es hier der Zufall wollen, dass jemand einen winzigen Weinberg auf den Klippen und einen anderen oberhalb einer Felswand sechsten Grades besitzt und die einzige Verbindung eine Sandsteintreppe mit Hunderten von Stufen ist. Eine unwirkliche, aber vom Menschen geschaffene Situation. Faszinierend! Und die Quintessenz all dessen ist der Sciacchetrà.

In seinem 1935 erschienen kulinarischen Reiseführer schreibt Paolo Monelli: »Wie wäre es mit einem historischen und literarischen Wein? Hier ist er: der Sciacchetrà der Cinque Terre, der Vernaccia von Dante, Boccaccio und Sacchetti, den Weinbergen auf der Steilküste abgepresst … hier nisten die Orte Monterosso, Corniglia, Riomaggiore, Manarola und Vernazza, der dem Wein seinen Namen gibt. Diesen aristokratischen Wein von aromatischer, komplexer Süße dachten wir uns eher als Schlaftrunk für Kardinäle und Damen um die Vierzig; kein Wunder, dass ihn ein abstinenter Dichter besungen hatte … Doch für ein gutes Sommeressen ist er ein göttlicher Abschluss, ein Wein, dessen Adel verpflichtet; er beschwörte selige Erinnerungen herauf, und ich sah die Cinque Terre wie an einem Januartag, eingehüllt in das Tosen der Wildbäche; das laute, gleichförmige Rauschen des Wassers klingt mir noch in den Ohren…«

bauliche Struktur des Ortes vom Wasser aus noch besser zu sehen ist, empfiehlt sich ein Ausflug mit einem der – regelmäßig verkehrenden – Boote, vielleicht sogar bis Portovenere, wo die Weinberge von Tramonti ein unvergleichliches Schauspiel bieten (sie werden kurz in der folgenden Tour beschrieben).

Auch Riomaggiore blickt auf eine lange und teilweise sagenumwobene Geschichte zurück: Angeblich wurde es von byzantinischen Griechen gegründet, die sich um das 8. Jahrhundert in der Nähe der Wallfahrtskirche von Montenero niedergelassen hatten. Danach teilte es das Schicksal der anderen Orte: Landesherren waren zunächst Adelsfamilien aus dem Hinterland; dann fiel es an die Fieschi und an die Republik Genua. An die bewegte Vergangenheit gemahnen die Überreste der genuesischen Burg, die den Ort im 15. und 16. Jahrhundert gegen die Überfälle der Sarazenen schützen sollte. Die erhaltenen Teile – Außenmauern und zwei Rundtürme – wurden vor kurzem restauriert und wieder für die Öffentlichkeit zugänglich gemacht; vorher war dort der Friedhof. Eine frühere Festung befand sich wohl in der Mitte des heutigen Ortes. Durch steile Gässchen geht es aufwärts; an einem kleinen Platz, der immer mit Ball spielenden Kindern bevölkert ist, treffen Sie auf die Pfarrkirche.

Bauherr war Antonio Fieschi, Bischof von Luni, ehemals Kaplan bei Papst Benedikt XII. und Kanonikus in Paris. Der Prälat starb durch Gift; die Mörder kamen vermutlich aus Pisa, das den Verlust von Massa und Pietrasanta nicht ungesühnt lassen wollte. Der Bischof hatte die Kirche 1340 errichten lassen, damit die Bewohner von Riomaggiore zur Andacht nicht mehr nach Montenero oder

Riomaggiore

Zu Fuß

Santuario di Montenero und der Colle del Telegrafo

Ausgangspunkt: Riomaggiore
Zielpunkt: Colle del Telegrafo
Wegstrecke: 4 Kilometer
Voraussichtliche Dauer: 2 Stunden

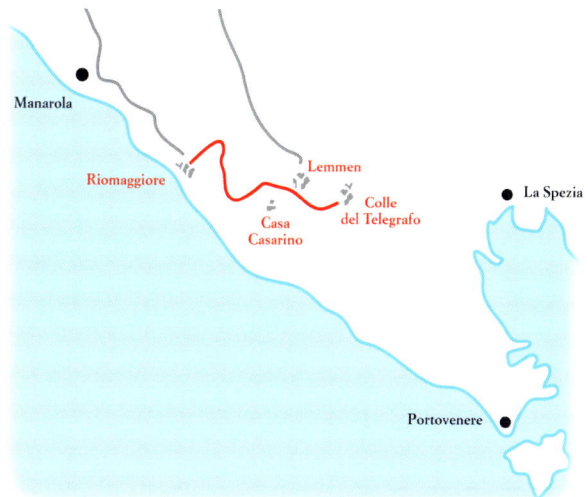

Der Weg steigt von der Teerstraße nahe des alten Kerns von Riomaggiore in Richtung Friedhof empor und geht in einen recht unwegsamen Maultiersaum über, der in Form von hohen Stufen in die Bergflanke gehauen ist. Nach wenigen 100 Metern trifft man auf die Straße nach Riomaggiore und folgt der Begrenzungsmauer der Strada Statale bis zu einer kleinen Treppe, die zurück in die Weinberge führt. Während die Steigung langsam abnimmt, bieten sich spektakuläre Ausblicke auf das unterhalb liegende Dorf. Nur noch ein kleines Stück und dann befinden Sie sich auf dem Platz vor der Wallfahrtskirche und dem Gästehaus (das Wanderern Unterkunft bietet), auf einer Höhe von 340 Metern. Wer sich den anstrengenden Aufstieg ersparen möchte, kann auf die kleine Einschienenbahn umsteigen. Diese Art von Aufzug dient eigentlich als Transportmittel in den Weinbergen, kann jedoch auch Touristen das Leben leichter machen. Bis zu zwölf Personen können von der Fahrstraße zum Heiligtum hinaufgefördert werden. Die Nutzung der Bahn ist Teil eines Pro-

Manarola mussten. Das Gotteshaus wurde Johannes dem Täufer geweiht, weil Antonio Fieschi in Genua eine wunderkräftige Reliquie desselben erhalten hatte; aus Genua kamen auch die *magistri antelami*, die Facharbeiter, die an fast allen Kirchen in den Cinque Terre maßgeblich beteiligt waren. Vom ursprünglichen Bau stammen die Monoforien und die beiden gotischen Türen auf der Ostseite, die durch Basreliefs und Skulpturen älteren Datums mit Blumenornamenten und monströsen Tiergestalten aus mittelalterlichen Bestiarien verziert sind. Für Kunstbegeisterte sind diese fantastischen und symbolträchtigen Abbildungen eine wahre Fundgrube: Jedes Zeichen, jede Figur hatte für den mittelalterlichen Künstler eine ganz bestimmte Bedeutung und diente mehr der moralischen Belehrung als der simplen Zierde. Nicht das gesamte Bauwerk stammt aus dieser Zeit, auch wenn es durch eine

jekts, in dessen Rahmen auch die auf den Hängen verstreuten Bauernhäuser wieder bewohnbar gemacht werden sollen. Durch die Unterstützung der Winzergenossenschaft in Groppo ist ein Traum, der lange unerfüllbar schien, endlich wahr geworden. Die ersten gesicherten Zeugnisse der Wallfahrtskirche Nostra Signora di Montenero, deren Festtag am Pfingstmontag gefeiert wird, sind von 1335, aber man nimmt an, dass bereits Ende des 8. Jahrhunderts griechische Flüchtlinge hier siedelten. Der Bau wurde mehrmals (zuletzt Mitte des 19. Jahrhunderts) umgestaltet und ist heute dreischiffig. Der Legende nach war die erste von Gläubigen und Pilgern verehrte Ikone byzantinischer Herkunft und hatte ein ähnliches Schicksal wie die Madonna von Soviore. Das auf geheimnisvolle Weise verschwundene Heiligenbild wurde durch ein inzwischen mehrfach restauriertes Renaissancegemälde ersetzt, das die Aufnahme Mariens zusam-

men mit den Aposteln und dem Heiligen Thomas zeigt. Am 14. August findet eine eindrucksvolle nächtliche Prozession von der Kirche nach Riomaggiore statt.

Wer noch genug Puste hat, sollte die Wanderung bis zum so genannten Telegrafenhügel ausdehnen (die kleine Straße ist mit der Nummer 3 gekennzeichnet), der ein überwältigendes Panorama bietet. Von Montenero aus ist der Weg nicht mehr so steil; durch Farne und weitgehend überwucherte Felder gelangen Sie zunächst zur Casa Casarino und dann auf 406 Metern zum Ortsteil Lemmen, der seit Mitte des 13. Jahrhunderts urkundlich belegt, vielleicht aber noch älter ist.

Eine Hand voll Häuser, ein Steinbrunnen für den Durst, und dann sind Sie schon wieder in der Macchia, die Sie auf dem letzten Stück bis zum Telegrafenhügel (der auf 513 Meter Höhe liegt) begleitet.

DAS WELTKULTURERBE

Heftige Auseinandersetzungen kennzeichneten die jüngste Geschichte des Umweltschutzes in den Cinque Terre: Die Küste zwischen Monterosso und Riomaggiore ist seit 1985 ein Regional- und seit 1999 ein (durch ein Meeresschutzgebiet ergänzter) Nationalpark. Außerdem wurde ein Regionalpark Portovenere ausgewiesen. 1997 wurde dieser Teil der ligurischen Küste von der UNESCO zum Weltkulturerbe erklärt: »Die kleinen Orte und die Terrassen auf den umliegenden Hügeln, die dem steilen, abschüssigen Gelände allen Schwierigkeiten zum Trotz abgerungen wurden, sind der Inbegriff der tausendjährigen Geschichte und Kultur menschlicher Siedlungen in dieser Gegend.«

Das (scheinbar) Paradoxe ist, dass dieses Naturschutzgebiet weniger die Natur vor den Übergriffen des Menschen schützen soll, als vielmehr ein Werk des Menschen vor den Gefahren der Natur. Die Cinque Terre sind ein einmaliger Fall von »erschaffener Natur«: Die Bewohner selbst haben über Jahrhunderte hinweg die Landschaft geformt, indem sie mit ungeheurer Mühe die steilen Berghänge über dem Meer urbar machten. Das Ergebnis dieser kolossalen Leistung (eine Folge von Terrassen, begrenzt von Trockenmauern, die aneinander gereiht etwa die Länge der Chinesischen Mauer ergäben: über 6000 Kilometer) ist durch den Bevölkerungsschwund und das Ende des traditionellen Landbaus akut bedroht.

Das Naturschutzgebiet soll auch die Abflusskanäle vor dem Verfall bewahren, die Felstreppen und die Mäuerchen, die dem Einfallsreichtum und der Beharrlichkeit des Menschen ein beeindruckendes Denkmal setzen: Ihr Verschwinden hätte katastrophale Folgen nicht nur für die Landschaft, sondern auch für das hydrogeologische Gleichgewicht; ihre Instandhaltung ist eine intelligente und innovative Form von Naturschutz – auch in rein wirtschaftlicher Hinsicht. So ist man im Nationalpark zum Beispiel bestrebt, historische Reben der Cinque Terre neu anzupflanzen; eine Slow-Food-Initiative verfolgt neue Mittel und Wege zur Herstellung und Vermarktung des Sciacchetrà.

bemerkenswerte Harmonie gekennzeichnet ist. Nach einem Einsturz war 1870 die Statik bedroht; beim Wiederaufbau wurde die Kirche daher um ein Joch erweitert. Die Fassade wurde komplett umgestaltet; die Rosette blieb jedoch erhalten. Im Innenraum sind neben den Gemälden, darunter eines von Johannes dem Täufer, das Domenico Fiasella zugeschrieben wird, die Barockkanzel aus dem Jahr 1663 und – für Kenner von Musikinstrumenten – die komplizierte mechanische Orgel zu bewundern. Unweit der Kirche steht das Haus, in dem Telemaco Signorini während seiner zahlreichen Sommeraufenthalte in Riomaggiore wohnte.

Wer von Gotteshäusern noch nicht genug hat, kann auch noch

das Oratorio di Sant'Antonio Abate (mit einem Fresko) und das Oratorio San Rocco (nahe der Burgruine) besichtigen sowie das Oratorio di Nostra Signora Assunta, das auf das Jahr 1476 zurückgeht und mit einem Triptychon – vermutlich aus dem 15. Jahrhundert – aufwartet, auf dem die Jungfrau mit dem Kind, Johannes dem Täufer und dem Heiligen Dominikus abgebildet ist.

All diese bedeutenden Denkmäler sind Teil eines besonderen baulichen Gesamtkunstwerks, das man nur kennen und schätzen lernen kann, wenn man sich Zeit lässt. Das gesamte Dorf ist von der Tradition des Weinbaus und des Weinhandels geprägt; viele Gebäude, die heute anderen Zwecken dienen, waren früher Kellereien.

Nach einem letzten Blick vom Felsen über dem Fischerhafen auf die hinter dem Mesco untergehende Sonne, deren Licht die Weingärten auf den Hängen scharf zeichnet, kommen Sie gerade rechtzeitig zum letzten Zug, der sie in wenigen Minuten dorthin zurückbringt, wo Sie Ihr Auto geparkt haben.

Ein kleiner Leitfaden

Der Lauf der Sonne

Für die Überfahrt von Portovenere nach Lerici braucht ein normales Linienschiff weniger als eine halbe Stunde. Man verlässt die Insel Palmaria, die Kirche San Pietro und die von der Genueser Festung überragten farbenfrohen Häuser nicht ohne einen Anflug von Wehmut. Doch bald zeichnen sich die Umrisse einer anderen Festung ab: Das Kastell von Lerici ist mindestens genauso beeindruckend und geschichtsträchtig. Was in dieser geradezu märchenhaften Landschaft als Erstes auffällt, sind die stolzen Symbole militärischer Macht. Doch im Volksmund wird der Golf von La Spezia »Dichterbucht« genannt, und das weckt ganz andere Assoziationen: Gefühle, Stimmungen, Reflexionen, Verzauberung, Musik. *Il Golfo dei Poeti* – welcher Werbetexter würde sich nicht wünschen, einen so präzisen wie anspielungsreichen Ausdruck zu erfinden? Portovenere erinnert an Petrarca. Wahrscheinlich haben Shelley und Byron in diesem Meer gebadet. Tatsächlich wohnen in La Serra oberhalb von Lerici, von wo aus man die majestätische Bucht am besten einsehen kann, Dichter wie Giovanni Giudice und Paolo Bertolani. Attilio Bertolucci hatte ein Haus in Tellaro, dem vielleicht poetischsten Küstenort in der Umgebung von La Spezia; D. H. Lawrence war dort. Schon vor vielen Jahren ließ sich auch der Schriftsteller und Kulturschaffende Mario Soldati in Tellaro nieder. Und Lerici ist der Heimatort des Regisseurs Luigi Faccini.

Vielleicht vermischen sich der Wind, die salzige Luft und die Lichtreflexe auf dem Wasser mit den Düften der Erde, der Kräuter und Blumen in einer Weise, die Künstler besonders inspiriert. Sie können sich glücklich schätzen! Von Glück reden

La Spezia

können auch die Reisenden, die ein bisschen mehr Zeit haben und die Strecke von Portovenere nach Lerici statt mit dem Boot auf dem Landweg zurücklegen können: Sie können nämlich in Le Grazie Halt machen, auf den Hügeln von Foce und Marinasco, in den Focaccia-Bäckereien, die vom Duft frisch gebackener Teigfladen erfüllt sind, in San Terenzo.

Die Stationen dieser Tour können nach Belieben zusammengestellt werden. Den Lauf der Sonne sollte man dabei unbedingt berücksichtigen. Sie geht hinter Lerici auf und versinkt jenseits von Palmaria und Portovenere im Meer. Das ist keineswegs unerheblich. Dichter wissen das nur zu gut. Ein Seufzer, eine Windböe, eine zarte Knospe, ein emporschnellender Fisch, das Lächeln einer Frau, ein Hauch von Rosmarin, ein Wispern, ein Rascheln sind ein Detail am Rande – oder der zündende Funke für ein ergreifendes Gedicht.

Zweite Tour

Von Portovenere nach Bocca di Magra über Le Grazie, Campiglia, Biassa, La Spezia, San Terenzo, Lerici, Fiascherino, Tellaro, La Serra, Montemarcello und Ameglia

Ausgangspunkt: Portovenere
Zielpunkt: Bocca di Magra
Kilometer: 60
Voraussichtliche Dauer: 2 Tage

Ausflüge:
zu den Inseln Palmaria, Tino und Tinetto

Der Golf von La Spezia

Am bequemsten lässt sich die »Dichterbucht« besichtigen, wenn man von La Spezia aus eine oder mehrere Tagestouren unternimmt; wir empfehlen jedoch eine zusammenhängende Route, die von Portovenere um den Golf herum nach Ameglia und zur Magra-Mündung führt, wo Ligurien langsam in die sanfter geschwungene Hügellandschaft der Toskana übergeht. Natürlich ist das nur ein grober Rahmen, den jeder nach seinen Vorlieben (Kulinarisches, Kultur, Baden) ausfüllen

Portovenere, Stadttor

Portovenere

13 km von La Spezia
Einwohner 4219
Höhe 8 m ü. d. M.
PLZ 19025

Informationen

Municipio
via Garibaldi
Tel. 0187 79481

**Ufficio Informazioni
e accoglienza turistica
Pro Loco**
piazza Bastreri, 7
Tel. 0187 790691
Fax 0187 790215
www.portovenere.it
E-Mail: box@portovenere.it

Übernachtung

Grand Hotel Portovenere
via Garibaldi, 5
Tel. 0187 792610
Fax 0187 790661
www.rphotels.com
E-Mail: ghp@village.it

La Baia
località Le Grazie
via Lungomare, 111
Tel. 0187 790797
Fax 0187 790034
www.emmeti.it/welcome
E-Mail: hbaia@cdh.it

Locanda Lorena
isola Palmaria
via Cavour, 4
Tel. 0187 792370
Fax 0187 792379

Paradiso
via Garibaldi, 34
Tel. 0187 790612
Fax 0187 792582
www.hotelportovenere.it
E-Mail: info@hotelportovenere.it

Restaurants

Antica Osteria del Carruggio
via Capellini, 66
Tel. 0187 790617
Donnerstags geschlossen; im Sommer täglich geöffnet.

kann. Für manche ist es vielleicht auch geschickter, in umgekehrter Richtung vorzugehen und Portovenere als letzte Station anzusteuern.

Portovenere erreicht man mit dem Auto von La Spezia (13 Kilometer) oder mit dem Schiff aus den Cinque Terre und aus Levanto. Unabhängig davon, wie Sie anreisen, werden Sie fasziniert sein vom außergewöhnlichen Anblick des Städtchens mit seinen mittelalterlichen Häusern und Straßen, in denen sich einige Kunstdenkmäler von Rang verbergen. Sicherlich hat der enorme Zuwachs des Fremdenverkehrs dazu geführt, dass man die Schlichtheit, von der im 19. Jahrhundert Byron und Shelley so beeindruckt waren, heute vergeblich sucht, doch die Trattorien und Fischhandlungen der Altstadt haben die Atmosphäre vergangener Zeiten bewahrt und bieten unverfälschte Leckereien (den Andrang am Wochenende sollte man allerdings besser meiden).

150 n. Chr. wird das Fischerdorf, das für seine herrliche natürliche Kulisse berühmt ist, zum ersten Mal urkundlich erwähnt. Die – äußerst geschichtsträchtigen – Inseln, die farbigen Häuser (einst graue Wehranlagen), die in anmutiger Genueser Gotik gehaltene Kirche San Pietro, die von der Festung aus dem 16. Jahrhundert überragten steilen Klippen und das außergewöhnlich milde Klima üben nach wie vor eine magische Anziehungskraft aus. *Portus Veneris,* der Venushafen,

Portovenere

war ein sicherer Anlegeplatz für die Römer und eine blühende Handelsstadt. Nach den finsteren Zeiten des frühen Mittelalters machte Genua die Siedlung 1113 durch den Bau imposanter Festungsanlagen zu einem verlässlichen Stützpunkt im Kampf gegen die Flotte Pisas. Aus Genua kamen auch die Arbeiter, die die Kirche San Lorenzo in vorwiegend romanischem Stil aus dem heimischen schwarzen Stein errichteten. Doch die Geschichte hat auch in kleinen Dingen ihre Spuren hinterlassen. So ist auf einem Stein am Tor zur Altstadt das Datum eingraviert, an dem das Dorf unter die Herrschaft Genuas fiel *(Colonia Januensis 1113)*; am Fuß der Stadtmauer und des schönen romanischen Turms mit Bossenwerk und Biforien sind einige vermutlich aus dem 17. Jahrhundert stammende Marmormaße für Getreide und andere Waren zu sehen.

Lassen Sie sich einen Moment Zeit, um das mehrmals umgestaltete Stadttor näher zu betrachten: Gleich werden Sie sich Hunderte von Jahren in die Vergangenheit zurückversetzt fühlen. Auch die der Via Capellini zugewandte Innenseite des Tors ist sehr eindrucksvoll. In einer Nische ist auf einem Wandgemälde die von den Einheimischen verehrte Madonna Bianca dargestellt. Das Bild geht auf das 15. Jahrhundert zurück und erinnert an ein Ereignis im Jahr 1399, als in Portovenere alles drunter und drüber ging, weil die Bewohner

Portovenere

Da Iseo
calata Doria, 9
Tel. 0187 790610
Fax 0187 792379
Mittwochs geschlossen.

La Marina da Antonio
piazza Marina, 6
Tel. 0187 790686
Donnerstags geschlossen.

La Chiglia
via dell'Olivo, 317
Tel. 0187 792179
Mittwochs geschlossen.

Il Timone
via dell'Olivo, 27
Tel. 0187 790675
Dienstags geschlossen.

Ein Kaffee, ein Eis, ein Aperitif

Bar Lamia
calata Doria

Einkaufen

Farinata, Focaccia und Pizza

La Pizzaccia
via Capellini, 94

Wein und Feinkost

A Posaa
piazza Bastreri, 2

Kunsthandwerk

La Grotta dell'Artigiano
calata Doria

nicht nur mit Pest und Hungersnot zu kämpfen hatten, sondern zu allem Überfluss auch noch miteinander verfeindet waren. In dieser scheinbar ausweglosen Lage betete eines Tages – es war der 17. August – ein gewisser Luciano Borghesi vor einem verblassten und verschwommen Madonnenbildnis, als auf einmal die Farben intensiver und die Konturen schärfer wurden, und die Muttergottes, das Kind und die mit ihnen abgebildeten zwei Heiligen in einem völlig neuen Licht erschienen. Dieses wundersame Ereignis ließ die Bewohner von Portovenere in dem kleinen Haus zusammenströmen; durch ihre Gebete wurde das Übel gebannt und Vernunft und Besonnenheit kehrten in

Die Kirche San Lorenzo in Portovenere

die Stadt zurück. Noch heute wird am 17. August das Fest der Madonna Bianca gefeiert.

Die Via Capellini (genannt *carugio,* die Gasse) ist die Hauptachse des Dorfes und lädt alle paar Meter zu geschichtlichen und städtebaulichen Betrachtungen ein. Sie ist auf beiden Seiten von Geschäften und Haustoren gesäumt; die Stille wird nur hin und wieder von dem für ligurische Dörfer so typischen Stimmengewirr durchbrochen. Die Antica Osteria del Caruggio in der Nummer 66 ist die richtige Adresse für einen kleinen Happen zwischendurch. Auf der linken Seite des dunklen Sträßchens führen zwei steile Treppen zum Meer hinab. Sie waren (und sind) die einzigen Zugangswege von der Küste zum Ort: schmal, beschwerlich und bei Piratenüberfällen ohne großes Risiko zu verteidigen. Rechts gehen die Pfade in Richtung San Lorenzo und Festung ab. Sie steigen dort hinauf, wo die Einwohner von Portovenere früher bescheidene Felder bestellten, die, mittlerweile zu Hausgärten umfunktioniert, immer noch die ganze Umgebung mit Thymian- und Rosmarinduft erfüllen. Die Gasse ist gewunden wie überall dort, wo man keinen Platz zu verschenken hat, weil die Flanken der Berge und Hügel direkt ins Meer abfallen. Das erklärt auch die Bedeutung der Piazzetta della Cisterna, wo die Bäche zusammenflossen (der schöne Brunnen entstand beim Umbau) und die Bevölkerung sich

traf, um Neuigkeiten auszutauschen. Der *carugio* neigt sich nun sanft der Stelle zu, an der das *castrum vetus,* der erste Verteidigungsbau des Venushafens, stand. Hier sieht es aus, als nähme Portovenere Anlauf, um sich ins Meer zu stürzen, als wäre es der Bug eines gigantischen Felsenschiffs.

Der Blick weitet sich und erfasst das Kap mit dem wunderschönen Kirchlein San Pietro. Es wurde in eleganter Genueser Gotik dort errichtet, wo sich früher ein der Schönheitsgöttin geweihter Tempel und ein frühchristliches Gotteshaus erhoben. Der Ort ist so verwunschen, dass er im Volksglauben als *Finis Terrae,* Ende der Welt, galt.

Die Kirche mit den auffälligen Streifen aus weißem und schwarzem Portoro (Marmor aus Portovenere) ließ Genua zwischen 1256 und 1277 erbauen, um die Bewohner für ihre treue Unterstützung im Kampf gegen Lerici und Pisa zu belohnen. Das Gebäude wurde mehrfach (zum letzten Mal in den 1930er-Jahren) verändert, und das Potpourri der Stile sticht, vor allem im Innenraum, klar ins Auge. Der Altarraum besteht aus drei Kapellen mit fast quadratischem Grundriss und einem kleinen Schiff, das in einen apsisförmigen Raum mündet, der zu der frühchristlichen Kirche aus dem 6. Jahrhundert gehörte. Der historische Zauber wird von der Natur untermalt: Das Echo der unerbittlich gegen den Fels schlagenden Wellen tönt aus der Tiefe herauf wie ein geheimnisvoller Gesang.

Beim Herauskommen überschlagen sich Licht, Farben und Bilder, verschmelzen mit der salzigen Luft, dem Wind, dem Geschrei der Möwen, den Geräuschen der Gegenwart. Von der leicht zugänglichen kleinen romanischen Loggia auf der Linken erkennt man deutlich die Umrisse der Punta Mesco, die im Westen dem Dunst trot-

Die Kirche San Lorenzo in Portovenere

zig die Stirn bietet. Doch noch viel eindrücklicher ist der Vordergrund des Panoramas. Die Kirche verblasst zur Erinnerung beim Anblick der steilen Felsabstürze und des wuchtigen Kastells.

Die Szene wechselt mit jedem Meter: In der Ferne erahnt man die Steilhänge von Tramonti (wo die Cinque Terre beginnen), dann die Muzzerone-Klippen, ein Paradies für Kletterer, und in der Nähe des Kaps von Portovenere die vom Wasser umspülte Arpaja-Grotte, die schon Byron kannte. Über eine Treppe gelangt man zu einem Felseinschnitt bei der Grotte, wo ein Stein noch heute seiner gedenkt: »Diese Grotte, eine Quelle der Inspiration für Lord Byron, erinnert an den unsterblichen Dichter, der, ein kühner Schwimmer, den Wellen des Meeres zwischen Porto Venere

Miesmuscheln aus La Spezia

Das Meer im Golf von La Spezia – und besonders vor der Küste von Portovenere – ist ein idealer Lebensraum für Miesmuscheln (*muscoli*, *mitili* oder *cozze*), die stilles, nicht allzu salziges und planktonreiches Wasser bevorzugen. Im Herbst und Winter (die Witterung spielt eine wichtige Rolle) verwandelt sich ihr Körper in eine milchige Masse, die aus der Schale dringt und sich im Wasser verteilt. Aus diesen Eiern, die in bewegtem Wasser unweigerlich auseinander gerissen würden, entstehen Larven, die sich an Treibgut, Felsen und Pfähle heften. Nach einigen Monaten sind die Muscheln reif für die »Ernte«. In La Spezia ist man richtiggehend verrückt danach; Fischer verwenden sie auch als Köder.

Die Muschelzucht wurde in La Spezia Ende des 19. Jahrhunderts unter anderem von Emanuele Albano lanciert, der aus Taranto (dem zweiten italienischen Muschelparadies) an den Golf gekommen war. Miesmuscheln waren wie Steindatteln und Austern bereits bei den Römern beliebt; ihr Verzehr ist ab dem 1. Jahrhundert v. Chr. belegt. Die Römer taten sich im Übrigen als wahre Pioniere der Aquakultur hervor (und dienten im Mittelalter den Mönchen als Vorbild).

Derzeit werden spezielle Muschelbänke eingerichtet, die hygienisch einwandfreie Produkte garantieren sollen. In den Anlagen von Santa Teresa werden die Muscheln einer Behandlung mit Ozon unterzogen; die Zuchtbecken befinden sich in der Nähe der äußeren Hafenmole vor Portovenere.

Im Restaurant werden Miesmuscheln *alla marinara*, im Meeresfrüchtesalat oder gefüllt serviert; sie eignen sich aber auch hervorragend als Zutat für raffinierte Spaghetti-Saucen. Frittiert sind sie eine echte Delikatesse, aber leider selten aufzutreiben, weil man dazu die rohen Muscheln öffnen muss und viele Köche die Mühe und den Zeitaufwand scheuen. Von den Schalen befreit, werden die Muscheln in Mehl, Ei und Paniermehl gewälzt und in reichlich heißem Olivenöl gebraten; danach werden sie gesalzen und mit Petersilie und Zitronenscheiben angerichtet.

und Lerici trotzte.« Er war bei seinem Freund Shelley zu Gast, der in San Terenzo auf der anderen Seite des Golfs logierte: Das mag erklären, wie die »Dichterbucht« zu ihrem Namen kam. Ein zweiter Gedenkstein, ebenfalls bei San Pietro, ist Petrarca gewidmet; die Inschrift ist seinem Epos *Africa* entnommen: *Et nomine Veneris insignem portum securum ventorum omnium et omnium quae sub coelo sunt classium capacem* (»Und der unter dem Namen der Venus bekannte Hafen, vor allen Winden geschützt und alle Flotten unter dem Himmel aufzunehmen bereit«). Zu den vielen anderen Persönlichkeiten, die sich hier aufhielten, gehören auch Eugenio Montale, Georges Sand und William Turner. Vom Vorplatz der Kirche San Pietro erreicht man über eine breite Treppe den Kai, wo der Blick von der Silhouette der Insel Palmaria bis zu den Hügeln hinter Lerici reicht. Auf dem Meer tummeln sich Was-

serfahrzeuge jeder Art; der Hafen dient als Anlegestelle für private und öffentliche Verkehrsmittel (in der Saison verkehren Linienschiffe in die Cinque Terre, nach Camogli und Portofino, zum Golfo del Tigullio, nach La Spezia, Lerici und Versilia; die Tickets kosten nicht viel und sind an Bord erhältlich). Die kürzeste, aber sicherlich interessanteste Variante ist eine Rundfahrt um die Inseln.

An der zwischen Frühjahr und Herbst sehr belebten Mole bieten zahlreiche Geschäfte ihre Waren feil. Sie können dort also ohne Probleme erstmal eine Weile bummeln, bevor Sie sich erneut am Stadttor einfinden, um die Kirche San Lorenzo und die Burg im oberen Teil des Ortes zu besichtigen.

Die Kirche San Lorenzo ließen die Genuesen mit dem klaren Ziel erbauen, ihre Macht über den Küstenort zu festigen (die Kathedrale in Genua ist nach dem gleichen Heiligen benannt); sie wurde 1130 von Papst Innozenz II. geweiht. Der ursprünglich romanische Bau erfuhr seit der Gotik bis zur letzten Umgestaltung in den 1930er-Jahren vielfache Veränderungen. Aufgrund seiner exponierten Lage wurde er beim Angriff der aragonischen Flotte 1494 wie fast alle Gebäude des Städtchens stark beschädigt. Die heutige Kirche präsentiert sich mit einer eleganten Fassade, die vor allem durch die Streifen aus weißem und schwarzem Marmor im oberen Mittelteil und die schönen, noch romanisch geprägten Portale besticht. In der Lünette des Hauptportals findet sich eine Figur des Märtyrers Laurentius; das dreibogige Fenster darüber verleiht der Fassade eine aufstrebende Dynamik. Für Mauern und Säulen verwendeten die Baumeister den heimischen schwarzen Stein, der, als sich Ende des 16. Jahrhundert der Barockstil durchsetzte, bei den Säulen im Innenraum teilweise durch weißen Carrara-Marmor ersetzt wurde. Die von dem toskanischen Künstler Mino da Fiesole (1430–1484) gestaltete marmorne Nische rechts des Hauptaltars enthält das für die Einwohner von Portovenere so kostbare Pergament mit der Madonna Bianca. Bemerkenswert ist auch das Altarbild von Cigoli aus dem 16. Jahrhundert; das für die Einheimischen wichtigste Stück ist jedoch ohne Zweifel der so genannte Reliquienbalken, der 1204 aus dem Meer gefischt wurde und seitdem in der Kirche aufbewahrt wird. Woher er stammt, ist ungewiss: Vielleicht wurde er von

Portovenere

Eine besondere Spezialität

Die Jungfische von Sardellen und Sardinen werden in La Spezia als absoluter Leckerbissen geschätzt. Sie werden im Januar und Februar gefischt (es gibt genaue Vorgaben, doch viel hängt auch von der Witterung ab) und sind eine Art Vorgeschmack auf den Frühjahrs- und Sommerfang. Früher aß man sie roh mit ein wenig Zitronensaft und manch einer macht das heute noch: zwei, drei Löffel voll als Vorspeise und dazu ein Glas Cinque Terre Bianco. Doch dazu müssen sie unbedingt fangfrisch sein, weil ihre gallertartige Masse sonst ungenießbar wird. Vorzüglich sind die *bianchetti* (oder *gianchet(t)i*, wie sie in Ligurien heißen), wenn man sie in kochendem Wasser blanchiert und mit (sehr wenig) Zitrone und einem Hauch (vorzugsweise ligurischem) Extravergine-Olivenöl sowie nach Belieben mit Knoblauch und Petersilie anrichtet.

Sie sind auch eine ideale Zutat für *frittelle* (salzige Krapfen), die in jeder Gegend und in jeder Familie anders zubereitet werden. Ein empfehlenswertes Rezept ist das folgende: In einer Schüssel ein Pfund *bianchetti* mit zwei Esslöffel Mehl, einem Ei und Majoran (eventuell Petersilie, Thymian, Knoblauch) vermengen. Mit einem Löffel kleine Mengen des Teigs abnehmen und in Olivenöl ausbacken. Das Öl muss reichlich sein (damit die letzten Krapfen nicht anbrennen), möglichst heiß (immer nur wenig Teig auf einmal in die Pfanne geben, weil sonst das Öl abkühlt und von den Krapfen aufgesaugt wird) und natürlich aus Ligurien stammen.

Häufig mit den *bianchetti* verwechselt werden die *rossetti*, die auf die gleiche Weise zubereitet werden und genauso ausgezeichnet schmecken, auch wenn Kenner natürlich entweder auf die einen oder auf die anderen schwören. Die beiden Fischarten sind jedoch nicht verwandt: *rossetti* sind als »Erwachsene« höchstens 5 bis 6 cm lang; die *bianchetti* werden hingegen deutlich größer.

---

einem Pilger aus dem Heiligen Land mitgebracht oder von Piraten über Bord geworfen. Wie alle Küstenorte ist Portovenere merkwürdige Mitbringsel aus fernen Ländern gewöhnt; trotzdem wäre es interessant zu erfahren, wie die Bewohner damals auf die Ausschiffung eines Elefanten reagierten, den ein jüdischer Händler im Jahr 801 Karl dem Großen zum Geschenk machte.

Das Kircheninnere hält weitere Überraschungen bereit: zum Beispiel die auf einer Säule mit romanischem Kapitell ruhende, mit Heiligenfiguren (darunter der Heilige Venerius, Schutzpatron des Golfs von La Spezia) verzierte Marmorkanzel, das Taufbecken mit herrlichen Reliefs aus dem 12. Jahrhundert und in der Sakristei Kassetten mit syrischen und byzantinischen Motiven aus dem 10. und 11. Jahrhundert – die Überbleibsel eines geheimnisvollen alten Schatzes. Ein Teil der Kirche wurde bei einem 1370 aus unerklärlichen Gründen ausgebrochenen Brand zerstört.

Vom Kirchplatz gehen Sie weiter in Richtung Burg. Aus alten Registern und aus den Versen des Dichters Ursone da Vernazza geht hervor, dass es schon um 1240 eine mächtige Festung gegeben haben muss, die um 1161 von Genua als Wach- und Verteidigungsanlage errichtet worden war; an den baulichen Details lässt sich ablesen, wie sie später, bedingt durch veränderte materielle Voraussetzungen und militärische Strategien, immer wieder umgebaut und ergänzt wurde, bis sie unter Napoleon zum Kerker für politische Gefangene wurde. Der Aufstieg zum Kastell zwischen Kapernsträuchen und Agaven, von Menschenhand und vom Meer geschliffenen Steinen ist wunderschön, und wenn man sich umschaut, um ein wenig zu verschnaufen, bietet sich ein grandioses Panorama. Von weitem wirkt die Burg wie aus einem Guss, weil die glatten Außenmauern ohne Fenster die verwinkelten Formen im Inneren perfekt kaschieren. Kurz vor dem Eingang der im 17. Jahrhundert errichteten Befestigungsanlage erblickt man in Richtung offenes Meer links zwei runde Türme: Es handelt sich höchstwahrscheinlich um die Überreste sehr alter Windmühlen.

Durch den Eingang betritt man einen dunklen Unterstand für die Wache. Um in die Vergangenheit einzutauchen, muss man noch weiter hinauf zu einem Portal aus dem 16. Jahrhundert, hinter dem sich das Herzstück der Anlage verbirgt: die Sala Ipostile (ein restaurierter Raum, in dem Kunstausstellungen stattfinden) und die Sala del Capitano. Ein Gang über die Dächer und entlang der Mauern hinterlässt einen bleibenden Eindruck. Die Geräusche der Stadt dringen nur sehr gedämpft herüber und der Blick reicht unendlich weit: Mit ein bisschen Fantasie kann man sich vorstellen, wie es früher war; fast kann man das Pfeifen der Hakenbüchsen und den Kanonendonner hören.

Portovenere, Kirche San Pietro

Die sich vom Kastell bis zum Stadttor hinabziehenden Reste mittelalterlicher Mauern vermitteln eine Ahnung von der ehemaligen Größe der Befestigungsanlage. Unmittelbar hinter den Basteien der Festung beginnt der Weg Nummer 1, der mit zahlreichen Abzweigungen zur Küste und zum Golf von La Spezia in die Cinque Terre, zur Punta Mesco und nach Levanto führt.

Es ist gar nicht leicht, sich von Portovenere loszureißen, auch

wenn man die Sehenswürdigkeiten im eigentlichen Sinn bereits abgehakt hat. Der Reiz des Städtchens verleitet zu einem Restaurantbesuch oder zu einem Kaffee am Ufer. Nach dem Abstecher auf die Insel **Palmaria** (**Tino** ist militärisches Sperrgebiet und nur einmal im Jahr öffentlich zugänglich), dem eine Extrabeschreibung gewidmet ist, verlassen Sie Portovenere mit dem Auto in Richtung **Olivo,** einem in den letzten Jahren durch Neubaugebiete angewachsenen Ort. Von der sanft ansteigenden Straße präsentiert sich das ligurische Dorf im wechselhaften Spiel des Lichts. In wenigen Minuten sind Sie in **Le Grazie,** dem an einem weiten Küsteneinschnitt zwischen der Punta Varignano und der Punta Pezzino gelegenen hübschen Ortsteil von Portovenere. In der geschützten Bucht konnten sich viele auf die Schifffahrt spezialisierte Handwerkszweige etablieren. Die letzten Meister ihrer Zunft machen auch die abgetakeltsten Wracks wieder flott. Vor allem in Winter liegen hier deshalb zahlreiche reparatur- oder überholungsbedürftige Schiffe vor Anker. Diese Arbeiten erfordern ein hohes Maß an Fachwissen und Geschick im Umgang mit arabischen Scheichs oder amerikanischen Magnaten, sind jedoch fest in der Tradition des Ortes verwurzelt, der früher fast ausschließlich vom Fischfang und den mit ihm verbundenen Tätigkeiten lebte.

Hier ließen sich im 15. Jahrhundert die aus dem Kloster Monte Oliveto Maggiore oberhalb von Buonconvento bei Siena stammenden (und deshalb »Olivetani« genannten) Benediktinerbrüder, die Erben der Mönche von San Venerio auf Tino, nieder. Der von 1485 bis 1490 bei ihnen zu Gast weilende Genueser Maler Nicolò Corso stattete das Refektorium des Klosters mit Wandgemälden in den zarten Farben der Renaissance aus. Die unter dicken Putzschichten verborgenen Fresken wurden 1902 entdeckt, doch erst viele Jahrzehnte später restauriert. 1986 wurde ihnen im Rahmen einer Ausstellung endlich die verdiente Anerkennung zuteil und heute kann man die gesamte Anlage besichtigen, einschließlich der Pfarrkirche, die ebenfalls im 15. Jahrhundert in einem Übergangsstil zwischen Spätgotik und Renaissance erbaut wurde.

Gleichfalls in Le Grazie befinden sich in der Nähe der Bucht von **Varignano** die Überreste einer römischen Villa, deren Ursprünge auf das 1. Jahrhundert v. Chr. zurückgehen (die Stadt Luni, von der sich der römische Einfluss in der gesamten Gegend ausbreitete, wurde 177 v. Chr. gegründet). Die geschützte Lage wurde möglicherweise deshalb gewählt, weil dort häufig Menschen an Land gehen und Waren verladen werden mussten. Den seit 1965 durchgeführten Ausgrabungen nach hat das weitläufige Gut verschiedenen Zwecken gedient. Es wurden mehrere

Innenraum der Kirche San Pietro in Portovenere

Bauabschnitte ermittelt, von denen der letzte im 6. Jahrhundert abgeschlossen wurde. Aus der ersten Phase sind nur der Rest eines Laubengangs mit dicken Säulen und ein Terrakottaboden erhalten. Die zahlreichen Räume in der römischen Villa lassen auf eine vielköpfige Bewohnerschaft schließen, vielleicht eine Garnison von Soldaten mit ihren Befehlshabern und Bediensteten oder ein großer landwirtschaftlicher Betrieb. Die Archäologen förderten Behälter für Getreide und Gerätschaften zum Pressen von Oliven zutage. Die *cella olearia* maß schon allein 15 Meter. Aufschlussreich sind vor allem die Böden, die, häufig mosaikartig, aus Steinen verschiedener Art und Form zusammengesetzt sind. Die Villa kann man besichtigen.

Wir empfehlen auch den Besuch des Antiquariums, in dem viele der Ausgrabungsfunde ausgestellt sind: etwa eine besonders interessante 78 cm hohe Marmorstatue, die vielleicht Hygieia, die Göttin der Gesundheit, darstellt, daneben Keramikgeschirr, Münzen, Amphoren, Werkzeuge und Glas aus aller Herren Länder – Zeugnisse des lebhaften Handels in Varignano, das Beziehungen nach Gallien und Spanien unterhielt. Im Übrigen gleichen die Funde aus der Villa in vielerlei Hinsicht denen aus Luni, der Wiege der römischen Zivilisation in diesem Teil Liguriens.

In Richtung La Spezia reiht sich nun eine Bucht an die nächste. Die Orte **Fezzano**, **Cadimare** und **Marola** liegen – wie der Hafen und die Marinewerft in La Spezia – im Schutz des massiven Wellenbrechers. Die Straße schlängelt sich auf den Hügeln entlang und gibt immer neue Blicke auf die sich stetig verändernde Landschaft frei.

Wir sind an der Grenze zwischen dem Gebiet der Gemeinde Portovenere (Cadimare) und dem Stadtgebiet von La Spezia (Fezzano und Marola). In Cadimare befindet sich ein Flugplatz der Luftwaffe; der am Meer ge-

Portovenere

Wissenschaftler am Golf

Die Cinque Terre und der Golf von La Spezia haben nicht nur Künstlern eine Heimat geboten, sondern auch Wissenschaftler ersten Ranges hervorgebracht, von denen wir hier nur einige aufführen, die sich unter anderem dadurch auszeichnen, dass ihre Forschungen einen unmittelbaren Bezug zu der Gegend besitzen.

Lazzaro Spallanzani, Universitätsdozent und Direktor des Naturgeschichtemuseums in Mailand, begann 1781 in Portovenere mit seinen meeresbiologischen Untersuchungen. Nach der Veröffentlichung eines Buchs über die Naturgeschichte des Meeres kehrte er zwei Jahre später nach Portovenere zurück. Palmaria und Tino waren neben der Küste die bevorzugten Ziele des wissbegierigen interdisziplinären Wissenschaftlers. Seine Beobachtungen hielt er in einem Reisebericht fest, in dem unter anderem der »Einsiedlerkrebs Bernhard« beschrieben wird. Seine Erfahrungen brachten ihn schließlich zur experimentellen Physiologie; in Portovenere begründete er das erste Forschungszentrum für Geologie und Meeresbiologie am Mittelmeer. Spallanzani befasste sich auch mit einem seltsamen Phänomen, das mit dem Bau der Marinewerft verschwand und für das es bis heute keine Erklärung gibt: Vor der Küste bildete mitten im Meer eine Süßwasserquelle einen so starken Strudel, dass Schwimmer sich ihr nicht nähern konnten.

Ein weiterer bedeutender Forscher war Giovanni Capellini, der sein Geologiestudium an der Universität Pisa durch seine Arbeit als Buchbinder finanzierte (bei Barone, der ältesten Schreibwarenhandlung der Stadt und vermutlich ganz Liguriens, die es in der Via Prione nahe des Teatro Civico immer noch gibt). Neben vielen Reisen im In- und Ausland lehrte Capellini 60 Jahre lang an der Universität Bologna. Seine Publikationsliste hat um die 200 Einträge; sein Lebenslauf verzeichnet sieben Ehrenbürgerschaften, 18 Ritterorden und die Mitgliedschaft in 57 Akademien. Er war u. a. ein überzeugter Verfechter der Theorien Charles Darwins. Berühmtheit erlangten seine Betrachtungen über die prähistorische Grotta dei Colombi auf Palmaria. Außerdem war er ein erfolgreicher Veranstalter von Kongressen, vielleicht auch wegen der freundschaftlichen Kontakte zu Quintino Sella, dem damaligen Finanzminister. Die Akademie der Wissenschaften in La Spezia ist nach ihm benannt.

Guglielmo Marconi, der Vater des drahtlosen Telegrafen, führte dank seiner Beziehungen zur Marine viele seiner Versuche von La Spezia aus durch. Seine Jacht Elektra ist noch heute vielen Einheimischen im Gedächtnis. Einige seiner Erfindungen, für die er 1909 den Nobelpreis für Physik erhielt, sind im Museo Navale der Marinewerft zu sehen. Die Übermittlung fand zwischen der Basis an Land und dem Panzerkreuzer San Martino statt, der in der Bucht von Panigaglia startete, um hinter Tino und Palmaria auf das offene Meer hinaus zu fahren.

In La Spezia unterzog sich Guglielmo Marconi am 18. Oktober 1912 einem komplizierten chirurgischen Eingriff am rechten Auge, das einige Tage zuvor bei einen Unfall auf den Serpentinen des Bracco-Passes verletzt worden war.

Einer der bekanntesten Plätze in der Innenstadt ist nach Benedetto Brin benannt, dem Seefahrtsminister, der den damals blutjungen Erfinder unterstützte.

und nach wandelt sich die Szenerie der Bucht; es kommt einem fast so vor, als beträte man eine andere Welt. Campiglia ist eine Art Wasserscheide zwischen den Cinque Terre und dem Golf von La Spezia. Die Landschaft ist hier noch ein wenig rauer und abweisender als in den Cinque Terre und wirkt fast irreal mit den Bergen, die sich zwischen Himmel und Meer auftürmen. Parken Sie Ihren Wagen in Campiglia (Station des Wanderwegs Nummer 1 Portovenere-Levanto) oder in Biassa, wenn Sie die etwas weniger kurvenreiche andere Straße eingeschlagen haben, und machen Sie sich auf eine der spektakulärsten Wanderungen ihres Lebens gefasst.

Der Name Tramonti steht für Felsabstürze, die chamäleonartig ihre Farbe wechseln: Weiß, Rot und Schwarz verbinden sich mit dem Grün und Gelb der Macchia und dem Grün und Blau des Meeres zu einem fantastischen Feuerwerk aus Farben. Schroffe Felswände aus Kalk- und Sandstein säumen die fünf Kilometer zwischen der Punta Merlino und der Punta Persico.

Durch das gesamte Gebiet zieht sich ein dichtes Netz aus Wegen, auf denen man zu Wein-

legene Teil von Marola gehört zur Marinewerft (für Anlieger ist der Schiffsverkehr jedoch inzwischen gestattet). Gleich nach Marola zweigen die gewundenen Straßen zu den Orten Biassa und Campiglia ab, die verwaltungstechnisch zwar La Spezia unterstehen, mit den Weinbergen von **Tramonti** jedoch auch an die Cinque Terre angrenzen.

Hier fahren Sie am besten von der Küstenstraße ab und die etwas mehr als fünf Kilometer hinauf nach **Campiglia,** einem mittelalterlichen Ort, dessen halbkreisförmig angeordnete Häuser auf das Coregna-Tal hinabschauen, oder nach Biassa mit seiner romanischen Kirche, die in den 1930er-Jahren erweitert und teilweise umgebaut wurde.

Die schmale Straße klettert durchs dichte Grün des Waldes die steilen Hänge hinauf. Nach

Die Burg in Portovenere

Der Heilige Venerius

Der vermutlich 560 auf Palmaria geborene Eremit Venerius ist seit 1961 der Schutzpatron der Leuchtturmwächter; sein Fest ist am 13. September.

In jungen Jahren widmete sich Venerius der Wissenschaft. Dann trat er in das Kloster San Giovanni seiner Heimatinsel ein, wo er nach kurzer Zeit Abt wurde. Die Kunde von seinen Fähigkeiten verbreitete sich so rasch, dass das Kloster zum Wallfahrtsort wurde. Venerius flüchtete nach Korsika, bevor er sich als Eremit auf die Insel Tino zurückzog, wo er um 630 starb. Zahlreiche Wunder werden ihm zugeschrieben. Einmal vertrieb er einen riesigen Drachenfisch, der die Seeleute des gesamten Mittelmeers in Schrecken versetzte; ein anderes Mal rettete er Schiffbrüchige auf einem selbst gebauten Segelboot. Jeden Abend entzündete er als Warnung vor den Gefahren des Meeres Leuchtfeuer. Die Mönche von Tino verließen ihr Kloster zu Beginn des 15. Jahrhunderts. 1452 übertrug Papst Eugen IV. den Besitz den Olivetani, die sich zum Studium von Miniaturen und Pergamenten in Le Grazie niederließen. In ihrem Kloster Santa Maria sind heute die schönen Fresken von Nicolò Corso zu bewundern.

bergen und -kellern gelangt. Sie wurden vor Urzeiten angelegt, damit die Leute aus Campiglia und Biassa ihre Rebstöcke pflegen und die Trauben zu Wein verarbeiten konnten. Die Pfade schlängeln sich zunächst durch den Wald und die Macchia, der das besondere Mikroklima auf etwa 500 Meter über dem Meeresspiegel eine ungeheure Artenvielfalt beschert. Dann führen sie auf den Hängen der Küste zu den Weinkellern in den einzelnen Orten (**Fossola, Monesteroli** und **Schiara** sind die größten) hinab, wo sie in die senkrecht zum Meer absteigenden Treppen münden.

Das Tempo hängt natürlich von Ihrem Programm ab: Wenn Sie einen ganzen Tag haben, können Sie sich Zeit lassen (auf den steilen Treppen ist der Schritt ohnehin sehr »slow«) und bis zu den kleinen Stränden hinabsteigen, bevor Sie die Tausende der in den Stein gehauenen Stufen wieder hinaufkraxeln. Vermutlich nutzte man diese Wege früher nur bergab, um den Wein auf dem Seeweg transportieren zu können, und sparte sich so die Mühe, die Steigung mit schweren Lasten zu bewältigen. Auch ohne Körbe auf dem Buckel ist die Rückkehr nach oben kein Pappenstiel; zum Glück ist die Landschaft einmalig, das Klima angenehm und somit jeder Halt ein Erlebnis.

Die Spuren menschlicher Zivilisation sind spärlich. Wenige kleine Häuser kleben auf winzigen ebenen Flächen. Das einzige Zeichen des Fortschritts ist das Rot der Ziegel, das bei den

Le Grazie

»Kellern« in Fossola, Monesteroli und Schiara das Dunkelgrau der Schieferdächer ersetzt hat. Doch in Wirklichkeit hat der Mensch hier Enormes geleistet: Den fast senkrechten Felsen haben die Bewohner von Biassa und Campiglia die Weingärten abgerungen, die prägend für diese Landschaft geworden sind. Dies ist Tramonti, das Land jenseits der Berge *(trans montes),* am Rande der bekannten Welt ein außergewöhnlicher Aussichtspunkt auf das Unbekannte und die Unendlichkeit des Meeres. Gebaut ist das Ganze aus Megalithen: Jede Stufe, häufig mehr als eine Tonne schwer, ist mit einfachen Meißeln aus dem Fels gehauen und ohne Mörtel mit den anderen verkantet. Ein gigantisches und raffiniertes Werk, das im Hinblick auf die Beharrlichkeit der Urbewohner Bände spricht.

Nicht umsonst schrieb der aus La Spezia stammende Gelehrte Ubaldo Formentini: »In Charakter, Sprache, Volkskunst, Lebens- und Arbeitsweise sind die Bewohner von Biassa den Wurzeln der einheimischen Bevölkerung am meisten treu geblieben; sie haben als Einzige im Westen der Riviera archäologische Zeugnisse der Kultur bewahrt, die im Neolithikum in Oberitalien verbreitet war.« Eingedenk dieser Vergangenheit muss man von der Gegenwart einfach überwältigt sein. Die besten Worte für den Sturm der Gefühle hat vielleicht der Schriftsteller Maurizio Maggiani gefunden: »Tramonti ist ein Traum von ungeheuren Mühen,

Kraken und Steindatteln

D. H. Lawrence, der Autor von *Lady Chatterley,* der sich verschiedene Male am Golf von La Spezia aufhielt, schrieb in einem Brief an einen Freund: »Die Kirche steht am Wasser. Eine Legende besagt, dass eines Nachts plötzlich die Glocken läuteten und gar nicht mehr aufhörten. Die Leute erwachten in der Furcht, dass Piraten die Altstadt überfallen hätten. Doch glücklicherweise stellte man bald fest, dass der Urheber des Höllenlärms ein verspielter Krake war, der, gemütlich auf dem Felsen unterhalb der Kirche ausgestreckt, den Glockenstrick gepackt hatte.«

Abgesehen von dieser denkwürdigen Begebenheit sagen die Briefe, die der englische Schriftsteller aus Tellaro schickte, auch allerhand darüber aus, welchen Stellenwert der *Octopus vulgaris* (acht Arme und ein kluger Kopf) im Speiseplan der Leute aus Lerici und La Spezia hatte. Im Dezember 1913 hielt er fest: »Im oberen Raum, wo das Bankett stattfand, saßen fünfundzwanzig Leute zu Tisch. Zu diesem Anlass hatte man neun Hühner geschlachtet und gleich danach wurden jene großen Kraken aufgetragen, deren Arme fast einen halben Meter lang sind.«

Wundern Sie sich nicht, dass die großen Kraken besonders begehrt sind: Sie sind genauso zart wie die kleinen und außerdem kann man seine Gäste mit den enormen Fangarmen beeindrucken. Bei allen spielen jedoch die Lebensbedingungen eine große Rolle: Nur mit einem gewissen Salzgehalt, felsigen Buchten und Plankton erhalten sie jene unverwechselbare Moschusnote, die einem das Wasser im Mund zusammenlaufen lässt. Vor dem Zubereiten muss allerdings die schleimige Haut so lange abgerieben werden, bis sie sich trocken anfühlt. Dann werden die Kraken in Wasser mit Kräutern gekocht und mit Olivenöl, einer halben Knoblauchzehe und einem Stängel Petersilie (manche nehmen auch Oregano) angerichtet. Vorzüglich sind sie geschmort, am besten mit Kartoffeln; auch für Spaghetti-Saucen sind sie eine Bereicherung. Sie werden in vielen für die Gegend typischen Spezialitäten verwendet, weil sie, auch nahe der Küste, relativ häufig vorkommen und leicht zu fangen sind.

Eine noch erlesenere Köstlichkeit sind die Steindatteln. Das heißt, sie waren es, bis vor einigen Jahren ein Gesetz mit sofortiger Wirksamkeit die Ernte (die mehr und mehr der Ausrottung gleichkam) verbot. *Lithophaga lithophaga* ist ohne Zweifel das edelste aller Weichtiere. Spezielle Drüsen versetzen es in die Lage, sich in den

Stein hineinzufressen. Von einem sehr alten Menschen sagt man in Lerici, er sei »älter als eine Steindattel«; den Namen verdankt sie ihrer Ähnlichkeit mit der Palmenfrucht.

Die Steindattel aus La Spezia – die beste überhaupt – war die Hauptzutat für unvergleichliche Suppen: Zwei mit Knoblauch eingeriebene Scheiben Röstbrot wurden in den Teller gelegt und sogen die Brühe auf. Die Schalen wurden von Hand und mit den langsamen, respektvollen Bewegungen geöffnet, die sich für eine so seltene Delikatesse geziemen. Das Ablecken der Finger war sozusagen der krönende Abschluss eines heiligen Rituals. Und die Spaghetti erst: ein Traum! Eine geschichtliche Überlieferung bezeugt den hohen Wert dieser Muschel bereits im Mittelalter: Angeblich mussten die Herrscher von Vezzano Friedrich Barbarossa jedes Mal, wenn er auf dem Weg nach Rom durch die Lunigiana kam, einen Tribut in Form von Steindatteln zahlen.

Das drastische Fangverbot wurde beschlossen, nachdem der unkontrollierte Einsatz von Sprengstoff überhand genommen hatte.

wobei niemand, der in den letzten tausend Jahren dafür gearbeitet hat, auf die Idee gekommen wäre, dass er keine Kinder oder Enkel haben könnte, die diese Arbeit weitermachen.

Das Tramonti der primitiven Urmenschen, der Sklaven, die ohne konkrete Lebensmöglichkeit im Sinne der Marktwirtschaft an diese Steine gekettet waren, hätte nie existiert, wenn es keine Hoffnung, keine Gedanken an die Zukunft gegeben hätte. Und deshalb ist Tramon-

ti ein Schlag ins Gesicht der liederlichen Moral unserer heutigen Zeit, ein Affront gegen eine Gesellschaft, die hochmütig jeder Hoffnung entsagt.«

Wie viel Zeit mag es gekostet haben, Tausende von Stufen zu meißeln? Was hat dabei als Modell gedient? Tramonti hütet sein faszinierendes Geheimnis auch heute noch, wo die Menschen sich vor das schwierige Problem gestellt sehen, eine einmalige Landschaft zu erhalten. Am Meer ragt unterhalb der Häuschen von Monesteroli und Schiara der beunruhigende Umriss des Ferale-Felsens aus dem Wasser auf, der von Stürmen und Schiffbrüchen kündet, von Geschichten und Legenden aus naher und ferner Vergangenheit. Es ist Zeit, wieder hinaufzusteigen, doch mit den Überraschungen hat es noch lange kein Ende: Auf dem Berg steht mitten in einem Wald nahe Biassa, zwischen dem Ufer des Golfs von La Spezia und der Küste der Cinque Terre, an der Grenze zwischen Sage und Historie der Menhir von Tramonti, auch »Teufelsmenhir« genannt (weil man, wenn der Wind vom Meer durch das Laub fegt, Stimmen zu hören vermeint), ein großer, pyramidenähnlicher Steinblock, das heute mit einem Eisenkreuz versehene Symbol eines sehr viel älteren religiösen Kults. Stand er dort, wo man das Ende der Welt vermutete? Tatsächlich kann man vom nahen Bergkamm bei klarer Sicht Korsika

Le Grazie

erahnen, das einst als Insel der Seligen galt, als Pflichtstation auf dem Weg zur Unsterblichkeit der Seele. Als Ergänzung zu den Eindrücken vor Ort sollten Sie unbedingt die umfangreiche Sammlung von Menhirfiguren des Museo Formentini in La Spezia besichtigen.

Eine weitere geschichtlich bedeutsame Sehenswürdigkeit ist der Brunnen von Nozzano: Er wurde Anfang des 19. Jahrhunderts von den Soldaten Napoleons errichtet, die von diesem Bergposten aus über die Bucht wachten.

Genießen Sie in Campiglia ein letztes Mal das überwältigende Panorama. Rundherum präsentiert sich Ihnen ein Kaleidoskop von Eindrücken: Im Osten gehen die häufig schneebedeckten Gipfel und Pässe des Tosco-Emilianischen Apennin in die gezackten Umrisse der Apuanischen Alpen über. Es folgt das Meer, gesprenkelt mit den Inseln vor Livorno, mit Korsika, Palmaria und Tino. Im Westen

Die Weinkeller von Tramonti

Fossola, Monesteroli und Schiara sind die Hauptorte, doch auch Navone, Chioso und Persico gehören zu Tramonti, einem Gebiet, in dem der Wein außerordentlich gut gedeiht. Der Mensch machte die Reben hier heimisch, und um sie zu pflanzen, musste er mit großer Mühe die steilen Felshänge (die Steigung beträgt bis zu 70 Prozent) begradigen.

Was die Ursprünge dieser Siedlungen betrifft, so liegen Wahrheit und Legende nah beieinander. Vor 50 Jahren führte Ubaldo Formentini den Ortsnamen von Monesteroli auf den Namen des griechischen Helden und Kämpfers im Trojanischen Krieg, Menesteo, zurück. Der bei seinen Soldaten sehr beliebte Heerführer soll quer über das Mittelmeer gereist sein und zahlreiche Orte an bis dahin unbekannten Küsten gegründet haben; einmal abgesehen vom Schicksal einer Homerschen Sagengestalt soll immerhin das Heiligtum von Montenero oberhalb von Riomaggiore von Griechen gegründet worden sein, die im 8. Jahrhundert in den Cinque Terre landeten.

Unabhängig von seiner Vorgeschichte ist Tramonti ein bewegendes Zeugnis menschlicher Anstrengung. Ein in den 1950er-Jahren gedrehter Dokumentarfilm beleuchtet in eindrücklichen Szenen den Bau der Trockenmauern. Die Männer seilten sich an den Hängen ab und schlugen mit Hammer und Meißel möglichst rechtwinklige Steine aus dem Fels, mit denen direkt über den »Höhlen« die Mauern errichtet wurden. Die »Schützengräben« wurden dann von den Frauen mit Erde und Steinen aufgefüllt (über den Daumen gepeilt brauchte man etwa 4000 Kubikmeter Material für ein Hektar Land). Die gleichen Steine wurden für die »Keller« verwendet, die als bescheidene Unterkünfte für die Zeit der Weinlese dienten.

In den dem Südwestwind am meisten ausgesetzten Gebieten wurden die Weingärten mit weiteren Mauern oder mit den hier üppig wachsenden Erikahecken und anderen Sträuchern geschützt. Überdies wurden die Pergolen niedrig gehalten – einerseits um Sturmschäden zu verhindern und andererseits um den Platz und die Erdwärme möglichst gut zu nutzen.

Hacken musste man auf den Knien. Und diese Praxis ist auch heute noch nicht ganz aufgestorben, obwohl neue Pflanzmethoden und Lastenaufzüge die Arbeitsbedingungen deutlich verbessert haben, denn manche Hänge sind so steil, dass auf gewisse Praktiken immer noch nicht verzichtet werden kann. Weil man auf den unsicheren Pfaden nicht überall hinkommt, wird zum Beispiel die Insektizid in Tüten gefüllt, die an lange Stangen gebunden über den Reben hin- und hergeschwenkt werden. Not macht erfinderisch – in Tramonti genauso wie in den unzugänglichen Weinbergen der Cinque Terre.

Die Erziehung an Pergolen wurde erst im vergangenen Jahrhundert eingeführt; vorher ließ man die Reben wachsen, wie sie wollten. Sobald sich die Beeren bildeten, wurden die Ranken angehoben und mit Stöcken und Pfählen abgestützt.

Luigi Beretta, Priester und Weinkundler, beschrieb den Weinanbau in Tramonti 1891 so: »In dieser Gegend sind viele Felsen so abschüssig, dass nicht mal Ziegen hinaufklettern können, und dennoch wächst überall Wein. Die Reben werden wie Kapernsträuche in die Spalten zwischen einem Steinbrocken und dem nächsten gesteckt und schlagen dort Wurzeln; die Ranken wuchern über den Rand … Manche Weingärten befinden sich auf so steilen Hängen, dass einem Bewohner der Ebene schon schwindlig wird, wenn er nur seinen Fuß darauf setzt … Ab und zu geschieht ein Unglück, und der fleißige Winzer muss mit ansehen, wie alles ins Meer stürzt und vom Wasser davongetragen wird.«

Schon vor mehr als 100 Jahren ernteten die Weinbauern in diesem Teil von Ligurien Respekt und Bewunderung für die mühsame Arbeit, mit der sie das Land bewahrten, das Mittelpunkt ihres Lebens und ihrer Arbeit war. Deshalb ist es mehr als einleuchtend, wenn der Wein hier als eine Frage der Kultur, im umfassendsten Sinne des Wortes – begriffen wird.

Tramonti

schließt sich der ligurische Bogen; nachts erstrahlen die Lichter von Savona und an manchen Tagen zeichnet sich die unverwechselbare Silhouette des Monviso ab. Falls Sie immer noch nicht müde sind: Mitten im Wald, nur wenige Minuten vom Ort entfernt, befindet sich ein Trimm-dich-Pfad mit 15 Stationen.

Biassa liegt rechter Hand an der Küstenstraße der Cinque Terre, kurz vor dem gleichnamigen Tunnel, der erst vor einigen Jahren eröffnet wurde. Sei-

ne Bewohner sind ein stolzer und starker Menschenschlag, den viele Historiker als den Urstamm der Bevölkerung dieser Gegend betrachten. Bereits im 12. Jahrhundert soll hier eine Siedlung entstanden sein; die ersten gesicherten Belege gehen allerdings auf die Mitte des 13. Jahrhunderts zurück und beziehen sich auf den Bau der Burg von Coderone, von der nur spärliche Reste erhalten sind. In der Nähe des im 16. Jahrhundert umgestalteten Gebäudes stößt man auf die Ruinen der Kirche Santa Maria Maddalena; ursprünglich wurde hier der Heilige Martin verehrt, dem auch die Kirche in Biassa geweiht ist.

Nur wenige Autominuten trennen Tramontis zeitlose Stille vom sprühenden Leben in **La Spezia.**

Die geschäftige Stadt verdankt ihren Wohlstand nicht zuletzt der Marinewerft, die seit 150 Jahren die Geschicke der Stadt in beträchtlichem Maße mitbestimmt; die Kriegsschiffe im Hafen dürfen jedoch nicht die ältere Geschichte vergessen lassen, in der es La Spezia von seiner Bedeutung her durchaus mit Genua und Pisa aufnehmen konnte, auch wenn es immer im Hintergrund stand.

Über Portovenere, Lerici, Sarzana, Arcola, Vezzano Ligure und Luni wurden viele gewichtige Abhandlungen verfasst; die Literatur zu La Spezia ist im Vergleich dazu kaum der Rede wert: Die Stadt hat sich immer ein wenig zurückgesetzt gefühlt, nicht nur vonseiten der

Historiker. 1640 etwa hatte ein Genueser Politiker die glorreiche Idee, den Magra umzuleiten und bei dieser Gelegenheit den Golf zuzuschütten.

Dennoch fehlt es nicht an Zeugnissen der Vergangenheit: In Pegazzano, einem der klassischen Arbeiterviertel, wurde ein Grab aus der Eisenzeit gefunden; 640 muss der Langobardenkönig Rotari auch durch diese Gegend marschiert sein, nachdem er auf den Hügeln der Cinque Terre und in Porto-

venere Angst und Schrecken verbreitet hatte. Im 11. Jahrhundert wurden die ersten Befestigungsanlagen, darunter die Burgen von Carpena und Vesigna, errichtet; doch erst im 13. Jahrhundert wurde die Siedlung am Meer unter dem Namen La Spezia bekannt. Genua war auf dem Höhepunkt seiner Macht, nachdem es Pisa 1284 in der Schlacht von Meloria endgültig geschlagen hatte. Zu dieser Zeit begann man mit der Errichtung des Kastells San

Tramonti

Giorgio, das nach mehreren Umbauten im 17. Jahrhundert auch heute noch über der Stadt thront. 1371 wurde La Spezia nach dem Plazet des Dogen Domenico Campofregoso mit Schutzmauern umgeben, was den Bewohnern die Möglichkeit eröffnete, Handel zu treiben und Waren – vor allem Salz – ins Landesinnere zu liefern. Nachfolgend wurden die Mauern durch zeitgemäßere Verteidigungswälle ersetzt, doch all diese Vorsichtsmaßnahmen konnten nicht verhindern, dass Napoleon (dessen Vorfahren übrigens aus Sarzana stammten) sich dieses strategisch so bedeutsamen Geländes bemächtigte. Die städtebauliche und verkehrstechnische Entwicklung der Stadt wurde von den Franzosen minutiös geplant. 1808 wurde der Golf von La Spezia zu einem Gebiet von höchstem militärischem Interesse erklärt; 1812 wurde die Straße nach Portovenere fertig gestellt. Auf dem Wiener Kongress (1815) wurde Ligurien dem Königreich Sardinien zugeschlagen und das Schicksal der Stadt besiegelt, weil der savoyische Minister für Seefahrt, Industrie und Landwirtschaft, Graf Camillo Benso Cavour, beschloss, dass Genua ein großer Handelshafen und La Spezia Hauptstützpunkt der königlichen Flotte werden sollte. Cavour beauftragte General Domenico Chiodo mit der Planung und der Leitung der Arbeiten an der Werft. Der hohe Offizier der Pioniertruppe hatte anderswo bereits ähnliche Projekte betreut, doch was hier zwischen San Vito und der Stadt entstehen sollte, übertraf alles Dagewesene (die mehr als 22 Hektar umfassende Werft lockte Tausende von Arbeitskräften vor allem aus Süditalien nach La Spezia): Das Arsenale ist ein Meisterwerk der Militärtechnik, wovon Sie sich bei einem Besuch des Museo Tecnico Navale und des sichtbaren Teils der Anlage mit eigenen Augen überzeugen können (die Werft ist von jeher am 19. März, dem

La Spezia

Einwohner 94.780
Höhe 3 m ü. d. M.
PLZ 19100

Informationen

**APT Cinque Terre
e Golfo dei Poeti**
via Mazzini, 47
Tel. 0187 254311
Fax 0187 770908
www.aptcinqueterre.sp.it
E-Mail: info@aptcinqueterre.sp.it

**Ufficio Informazioni
e Accoglienza Turistica**
via Mazzini, 45
Tel. 0187 770900
Stazione Centrale FF.SS.
piazzale della Stazione, 1
Tel. und Fax 0187 718997

Museen

Museo Amedeo Lia
via Prione, 234
Tel. 0187 731100
Fax 0187 731408
www.castagna.it/mal
E-Mail: mal@castagna.it
Öffnungszeiten: dienstags bis sonntags 10–18 Uhr. Montags geschlossen (außer Ostermontag) sowie am 1. Januar, 15. August und 25. Dezember.

**Palazzina delle Arti
Lucio R. Rosaia
Museo del Sigillo**
via Prione, 236
Tel. 0187 778544
Fax 0187 731408
E-Mail: museodelsigillo@castagna.it
Öffnungszeiten: dienstags 16–19 Uhr, mittwochs bis sonntags 10–12 und 16–19 Uhr. Montags geschlossen.

Museo Tecnico Navale
Arsenale Militare
viale Amendola, 1
Tel. 0187 783016
Fax 0187 782908
Öffnungszeiten: im Winter werktags von 8.30–18, an Feiertagen von 10.15–15.45; im Sommer werktags von 8.30–13 und 16.15–21.45 Uhr, an Feiertagen von 8.30–13.15 Uhr.

Tag des Schutzpatrons San Giuseppe, für den Publikumsverkehr geöffnet).

Nach Domenico Chiodo ist neben dem Platz, an dem sich der Haupteingang des Arsenale (und ein Standbild seines Erschaffers) befindet, auch eine der großen Straßen im Zentrum benannt, die parallel zur Uferstraße die Piazza Chiodo mit der Piazza Verdi verbindet. In den Becken der Anlage werden noch heute Militärschiffe repariert und instand gehalten. In den Kasernen leisten Tausende von jungen Männern ihren Wehrdienst ab; abends bevölkern sie die Pizzerien und Kinos der Stadt und der Umgebung. Die Marine beeinflusst also in vielerlei Hinsicht das wirtschaftliche und gesellschaftliche Leben in La Spezia; dieser Einfluss hat nicht zuletzt dazu geführt, dass die Zulieferindustrie – Muggiano und andere Schiffsbauer sowie Spezialfertigungsbetriebe – La Spezia auch den östlichen Teil der Bucht bei Fossamastra abgeknapst hat, der früher ein renommiertes Strandbad war.

Die Situation ist paradox. Der rege Fährbetrieb nach Sardinien und Korsika schafft ein erhebliches touristisches Potenzial, das jedoch mangels Strand und entsprechender Einrichtungen nicht genutzt werden kann. Zudem fließt der Verkehr stockend und die Parkplatzsituation ist alles andere als bedarfsgerecht. Manche Probleme sind so oder ähnlich in jeder Stadt dieser Größe anzutreffen, andere gehen jedoch ganz klar auf das Konto örtlicher Politiker und Unternehmer, die sich nicht dazu durchringen konnten oder wollten, in die Lebensqualität einer Stadt in einer der schönsten Provinzen Italiens zu investieren.

Charles-Louis de Montesquieu schrieb 1728 in *Voyage en Italie:* »Der Hafen von La Spezia, das heißt die ganze Bucht, ist eine der herrlichsten Seiten Italiens… In Richtung Westen

La Spezia

DAS MARINEMUSEUM

Neben dem Haupteingang der Marinewerft im Viale Amendola an der Piazza Chiodo befindet sich das Technische Schifffahrtsmuseum der Marine. Es ist insofern einen ausgedehnten Besuch wert, als es das einzige seiner Art mit einer so umfangreichen Sammlung zu derart verschiedenen Themenbereichen ist. Auf den rund 1300 Quadratmetern der sich über zwei Stockwerke erstreckenden großen Säle erhält man einen hautnahen Einblick in alle geschichtlichen Facetten der behandelten Themen. So kann man zum Beispiel die Geräte Guglielmo Marconis bewundern, dem es am 17. und 18. Juli 1897 gelang, vom Arsenale aus eine drahtlose Verbindung zum Schlepper Nr. 8 (und dann mit San Martino) aufzubauen. Oder das Maschinengewehr, das italienische Seeleute 1901 beim Boxeraufstand in Peking beschlagnahmten (als die belagerten Europäer befreit wurden). Viele Ausstellungsstücke erinnern an die militärische Vergangenheit Italiens, etwa an den Kommandanten Luigi Rizzo, der mit der Versenkung der Szent Istvan in Premuda die österreichischen Pläne im Ersten Weltkrieg vereitelte, oder an das U-Boot Sciré, das am 10. August 1942 vor Haifa versenkt wurde, nachdem es in die Stützpunkte von Gibraltar und Alexandria eingedrungen war.

Eine Vitrine im Obergeschoss enthält die Reste der Uniform von Nazario Sauro, dem von Österreichern getöteten Patrioten aus Istrien. Besonders anschaulich sind die unzähligen Schiffsmodelle jeder Art und Entstehungszeit, die Anker (Originale oder genaue Nachbildungen), die leichten (eine Arkebuse von 1691) und schweren Feuerwaffen (Kanonen, darunter eine, die 1815 auf den Bergen um die Stadt eingesetzt wurde), Navigationsinstrumente, Medaillen, Karten, Bücher, Fotografien und andere Gegenstände, die von der engen Beziehung zwischen Marine und Stadt zeugen.

Ein weiterer Anreiz für die Besichtigung des Marinemuseums sind die mit fast künstlerischem Geschick gefertigten hölzernen und bronzenen Galionsfiguren, menschliche Gestalten oder Stärke und Stolz symbolisierende Tiere, die am Bug angebracht wurden, um das Schiff vor Unheil zu bewahren. Die berühmteste Figur ist die Atalanta, die 1866 im Atlantik geborgen wurde, bis 1879 den Bug des Kriegsschiffes La Veloce zierte und dann in einem Lager der Werft in Vergessenheit geriet. Sie wurde als eine Art Circe angesehen und ist als solche Gegenstand vieler Legenden. Mancher Mann soll ihretwegen Selbstmord begangen haben, weil seine Liebe nicht erwidert wurde. Ein Arbeiter soll beim Anblick der Figur, einer schönen, halb nackten Frau, in Liebe entbrannt und daran verzweifelt sein. Das gleiche tragische Schicksal ereilte unter der deutschen Besatzung im Zweiten Weltkrieg einen Offizier, der den sprichwörtlich gewordenen Satz geäußert haben soll: »Atalanta, ich schenke dir mein Leben.«

Seine heutige Form erhielt das Museum 1958, doch seine Ursprünge liegen viel weiter zurück. 1570 begründete Herzog Emanuel Philibert von Savoyen die erste Niederlassung in Villefranche. Nach einer Irrfahrt über Toulon, Cagliari und Genua gelangten die Sammelstücke 1870 anlässlich der Fertigstellung der von Camillo Cavour geplanten Werft nach La Spezia. Das vorzüglich instand gehaltene Museum empfängt jedes Jahr Tausende von Besuchern.

La Spezia

**Museo del Castello
Collezioni archeologiche
Ubaldo Formentini**
Castello San Giorgio
via XXVII Marzo
Tel. 0187 751142
Öffnungszeiten: im Winter von
9.30–12.30 und 14–17 Uhr;
im Sommer von 9.30–12.30
und 17–20 Uhr. Dienstags
geschlossen sowie am 24./25.
Dezember und am 1. Januar.

**Museo Civico Etnografico
Giovanni Podenzana**
corso Cavour, 251
Tel. 0187 739537
Öffnungszeiten: montags bis
samstags 8–13 Uhr.

**Museo Nazionale
dei Trasporti**
via del Canaletto, 100
Tel. 0187 522511
Öffnungszeiten: nach Voranmeldung.

Übernachtung

Hotel Genova
via Fratelli Rosselli, 84
Tel. 0187 732972
Fax 0187 732923
www.hotelgenova.it
E-Mail: hgenova@col.it

Hotel Ghironi
via Tino, 62
Tel. 0187 504141
Fax 0187 524724
www.call.it/aziende/ghironi
E-Mail: Ghironi@col.it

Restaurants

Aütedo
frazione Marola
via Fieschi, 138
Tel. 0187 736061
Montags geschlossen.

Dal Pudu al Cantiere
frazione Pegazzano
via Filzi, 245
Tel. 0187 718038
Dienstags geschlossen.

Il Sogno di Angelo
via del Popolo, 39
Tel. 0187 514041
Sonntags geschlossen.

gibt es einige kleine Häfen, wo Schiffe absolut in Sicherheit und größere Schiffe wie in einem Zimmer sind… Zum Beispiel findet man, wenn man von Portovenere heraufkommt, eine Bucht namens La Castagna; dann eine Landzunge mit einer Festung; dann den Hafen von Varignano; dann die Landzunge von Lazzaretto, die Bucht von Ria, die Landzunge von Pezzino, die Bucht von Panigaglia und schließlich La Spezia…«.
Nicht alles ist so geblieben, wie es war, in diesen Orten, die den französischen, englischen und deutschen Reisenden des 18. und 19. Jahrhunderts so gefielen. Doch von den Hügeln herab sind La Spezia und seine Bucht nach wie vor spektakulär anzusehen. An die Kriegsschiffe hat man sich inzwischen gewöhnt und mehrmals im Jahr wird den riesigen Masten der Amerigo Vespucci, dem Schulschiff der Militärakademie in Livorno, eine fröhliche Note verliehen.

Das Freizeitangebot der Stadt ist begrenzt, doch ihre Straßen sind von Geschäften jeder Art gesäumt, insbesondere die Via Vittorio Veneto, die Via Chiodo, der Corso Cavour und die Via del Prione, wo sich nachmittags die jungen Leute treffen. In der Via del Prione stand einst das Podest für öffentliche Bekanntmachungen; sie war die direkte Verbindung zwischen dem Meer und dem Stadtausgang in Richtung Genua. Sie ist der Mittelpunkt der Altstadt, in der immer noch reges Leben herrscht und in der es einiges zu sehen gibt: Haus Nummer 251 des Corso Cavour birgt das Volkskundemuseum, benannt nach Giovanni Podenzana (einem talentierten Autodidakten, der bereits 1911 ohne jegliche finanzielle Unterstützung das Archiv für Ethnografie und Psychologie der Lunigiana gründete). Ein altes Franziskanerkloster beherbergt das Museo Lia (antike, mittelalterliche und moderne Kunst), nebenan befindet sich das Museo del Sigillo mit der umfassendsten

La Spezia, Marinemuseum

Sammlung von Siegeln, die jemals zusammengetragen wurde. Auch das Gebäude in der Via Prione 157, das lange Zeit ein Heim der öffentlichen Fürsorge war, wurde im Rahmen eines Projekts, mit dem die bischöflichen Museen in La Spezia, Sarzana und Bugnato der Öffentlichkeit zugänglich gemacht werden sollen, vor kurzem als Ausstellungsraum eröffnet. Hinter der klassizistischen Fassade aus dem 19. Jahrhundert verbirgt sich das profanierte Oratorium des Heiligen Bernhardin, das Ende des 15. Jahrhundert zum ersten Mal urkundlich erwähnt wurde. Das Oratorium nahe des gleichnamigen Tors, durch das man aus Genua kommend die Stadt betrat, ist in die spätmittelalterliche Stadtmauer hineingebaut, die sich vom Kastell San Giorgio zur heutigen Piazza Beverini hinabzieht. Im Museum geben Texttafeln und Funde Auskunft über die wechselvolle Geschichte der Diözese, geogra-

LA SPEZIA

La Posta
via Don Minzoni, 24
Tel. 0187 734419
Dienstags geschlossen.

Parodi
viale Amendola, 212
Tel. 0187 715777
Sonntags geschlossen.

Trattoria da Dino
via Cadorna, 18
Tel. 0187 736157
Sonntagabends und montags geschlossen.

Vicolo Intherno
via della Canonica, 22
Tel. 0187 23998
Montags geschlossen; im Sommer täglich geöffnet.

EINE KLEINIGKEIT ZU ESSEN

Arcadia
viale San Bartolomeo, 245
Tel. 0187 501022
Sonntags geschlossen.

Birreria Sapristrasse
via Sapri, 32
Tel. 0187 739302
Mittwochs geschlossen.

Cabaret Voltaire
via Napoli, 92
Tel. 347 4607587
Täglich geöffnet.

Nettare e ambrosia
via Fazio, 85
Tel. 0187 737252
Sonntags geschlossen.

EIS

Conca d'Oro
via Vittorio Veneto, 183
Tel. 0187 501030

Il Sorbetto
corso Cavour, 232
Tel. 0187 713521

La Gelateria di Nonna Papera
corso Nazionale, 188
Tel. 0187 599339

MESCIUA

Die Schreibweise variiert, doch wenn Sie in einem der vielen traditionellen Gasthäuser in La Spezia etwas bestellen, was auf Deutsch wie »Meschua« oder »Mestschua« klingt, kann man sich schon denken, was Sie meinen. Man wird auch merken, dass Sie nicht aus La Spezia sind, aber das steht auf einem anderen Blatt. Während der Sizilianischen Vesper wurden die französischen Eindringlinge an ihrer Aussprache des Wortes *ciceri* erkannt – und erdolcht; so weit wird es jedoch an der »Dichterbucht« nicht kommen. Die *mesciua* ist die Suppe schlechthin in La Spezia. Ihre Entstehung ist mit der Geschichte des Hafens verknüpft; sie war eine »Armenspeise« aus den Zutaten, die man eben auftreiben konnte. Kichererbsen, Weizen, Dinkel und weiße Bohnen sind die Hauptbestandteile. Getreide und Hülsenfrüchte wurden schon im alten Rom miteinander kombiniert, wenn auch ohne weiße Bohnen, weil man damals nur die Augenbohnen kannte (die weißen Bohnen wurden erst Jahrhunderte später aus Amerika eingeführt). Ursprünglich gehörten in die *mesciua* auch Saubohnen, die man dann jedoch wegließ, weil sie der Suppe eine unerwünschte dunkle Farbe verliehen. Man weicht die Zutaten ein und kocht sie – wegen der unterschiedlichen Garzeiten – getrennt. Schließlich schüttet man alles zusammen und gibt Extravergine-Olivenöl (und eventuell einige Löffel Kochwasser) hinzu. Sehr heiß serviert ist die *mesciua* im Winter angenehm stärkend; lauwarm ist sie auch im Sommer ein Genuss. Anspruchsvolle Köche reichern sie noch mit einer halben Zehe Knoblauch, einer Möhre, Sellerie und Petersilie an und strecken sie, wenn nötig, mit einem Schöpflöffel guter Brühe. Für Puristen ist das keine echte *mesciua*. Egal, wie eng man die Sache sieht: Wenn diese Suppe gekonnt zubereitet wird, ist sie eine wahre Köstlichkeit. Und falls Sie sich Ihre eigene Meinung bilden möchten, testen Sie am besten verschiedene Versionen an verschiedenen Orten.

Bernardo Bellottos Piazza San Marco *im Museo Lia*

phische Veränderungen, kirchliche Einrichtungen sowie Männer- und Frauenorden.
Die Stelle, an der sich die Via Prione mit der Via Magenta (sie führt zur Piazza Beverini) und der Via Giovanni Sforza (sie mündet auf die Piazzetta Sant'Agostini) kreuzt, hieß früher *I quattro canti* (Die vier Gesänge). In einem der anliegenden Häuser wurde Richard Wagner 1853 zur Ouvertüre der Oper *Rheingold* inspiriert; überliefert wurde diese Begebenheit Pia, die Bäckerei mit der besten, salzigen Focaccia und Pizza aller Zeiten und die vielleicht bekannteste Sehenswürdigkeit der Stadt überhaupt. Einen Tisch zu bekommen, ist nahezu unmöglich; besser also, man lässt sich die *farinata* auf die Hand servieren und schlendert weiter zur Kirche Santa Maria Assunta, deren schöne schwarz-weiß gestreifte Fassade an der Piazza Beverini emporragt.
Das Gotteshaus, mit dessen Bau 1434 begonnen wurde, wird von

vom Komponisten selbst, der damals in der Pension L'Universo nächtigte, in der knapp 20 Jahre zuvor der Schriftsteller Alessandro Manzoni ebenfalls Gast gewesen war.
Zu manchen Tageszeiten ist an dieser geschichtsträchtigen Kreuzung kaum ein Durchkommen. Schuld daran ist – aber das soll beileibe keine Klage sein – das Mini-Schlaraffenland in der Via Magenta, die gastronomische Einrichtung schlechthin in La Spezia: La den Einheimischen noch heute *il Duomo* genannt, obwohl die Funktion des Doms von der neuen Kirche Cristo Re übernommen wurde. Es wurde mehrmals umgebaut, bevor es während des letzten Kriegs durch Bombenangriffe weitgehend zerstört wurde; nur die Apsis und der Altarraum blieben verschont. Im Innern sind einige Kunstwerke zu bewundern: ein hölzernes Kruzifix aus dem 14. Jahrhundert, der als wundertätig verehrte *Cristo nero* (im

Francesco Guardi, Lippo di Benivieni, Sassetta

La Spezia

Einkaufen

Farinata, Focaccia und Pizza

Antico Sacrista
corso Cavour, 276

Capolinea
via Rebocco, 57

Fainà de l'orso
località Pegazzano
largo San Michele, 9

La Pia
via Magenta, 12

Pagni
località Migliarina
via Sarzana, 12

Porta Genova
piazzale Boito, 22

Feinkost

Gastronomia Ferrini
via Fiume, 186

Brot und Feingebäck

Arte Bianca
via Sapri, 79

Panificio Rizzoli
via Fiume, 108

Pasticceria Russo
via Roma, 10

Wein

La Casa del Vino
via Biassa, 65

Kunsthandwerk

I Solitari
piazza Sant'Agostino, 63

Pitongiaeta
via Biassa, 101

Oratorium), das Grabmal von Baldassare Biassa (Abkömmling der mächtigen Adelsfamilie, der die Burg von Biassa gehörte) und seiner Frau Francesca Malaspina aus dem 15. Jahrhundert sowie bedeutende Gemälde (darunter eines, das Fiasella zugeschrieben wird) und Statuen. Besondere Erwähnung verdient die mehrfarbige Terrakotta von Andrea della Robbia, die Gott Vater, der die Jungfrau krönt, mit betenden Heiligen und Engeln darstellt; eingerahmt wird das Ganze von Früchten und orna-

La Spezia

mentalen Motiven. Das kostbare Heiligenbild, das sich zusammen mit anderen Kunstwerken in der Kirche San Vito in Marola auf dem Gelände des Arsenale befand, wurde 1813 von den Franzosen in den Louvre verbracht und kehrte nach langem Hin und Her 1903 nach La Spezia zurück. Baldassare Biassa war seinerzeit die wichtigste Persönlichkeit der Stadt: Zu Gast in seinem Palazzo in der Nähe der Chiesa dell'Assunta (heute Sitz eines Kreditinstituts) war 1533 Katharina von Medici auf dem Weg zu ihrer Hochzeit mit Herzog Heinrich von Orléans, dem zweitältesten Sohn von Franz I. und zukünftigen König von Frankreich.

Von der Kirche aus können Sie den Corso Cavour entlang bis zum (morgens) quirligen Marktplatz schlendern oder an der nahen Piazza Brin mit der 1887 erbauten Kirche Nostra Signora della Salute (Fresken und Gemälde) und einem schönen Brunnen La Spezia mitten ins Herz blicken.

Die weiteren Sehenswürdigkeiten lassen sich en passant erobern. Vom Meer her kom-

La Spezia

Schifffahrt

Rimessaggio Porto Lotti
viale San Bartolomeo, 394
Tel. 0187 532111
und 0187 532203
Mailand 02 784352
Fax 0187 524736
www.lottiyachtingtrade.it
E-Mail: lottiyachting@
lottiyachtingtrade.it
direzione@portolotti.com

Arcola

9 km von La Spezia
Einwohner 1086
Höhe 70 m ü. d. M.
PLZ 19021

Informationen

Municipio
piazza Muccini, 1
Tel. 0187 952811

Museum

Laboratorio d'Arte Contemporanea della Bassa Lunigiana
piazza 2 Giugno
Öffnungszeiten: montags bis freitags 8.30–12.30 und 14.30–18.30 Uhr. Mitte Juni bis Mitte September geöffnet von montags bis samstags 8.00–13.00 Uhr.
An Feiertagen geschlossen.

Weinerzeuger

Fattoria Il Chioso
località Baccano
Tel. 0187 986620

'r Mesueto
località Masignano, 61
Tel. 0187 987418

Spagnoli
località Masignano
Tel. 0187 987160

mend stößt man am Beginn der Via del Prione auf das Teatro Civico, in dem Veranstaltungen jeder Art stattfinden, unter anderem – im Juli – Jazzkonzerte. Da sich diese Musik in La Spezia einer großen Fangemeinde erfreut, sind in der Stadt schon alle aufgetreten, die in der Szene Rang und Namen haben. An künstlerischem Talent hat es den Bewohnern der »Dichterbucht« ohnehin nie gemangelt: Lebendige Beispiele dafür sind der Regisseur Enrico Oldoini, der Schauspieler Giancarlo Giannini und die Kabarettisten Stefano Nosei und Dari Vergassolo – ganz zu schweigen von den Schriftstellern Giancarlo Marmori, Gino Patroni und Giancarlo Fusco.

Von der Via del Prione gelangt man schnell zu der kleinen Piazza Sant'Agostino, Schaufenster des mittelalterlichen La Spezia, und zur Piazzetta di San Giovanni mit der gleichnamigen Kirche aus dem 17. Jahrhundert. Ganz in der Nähe, in der Via XX Settembre, hat die nach Giovanni Capellini benannte Akademie der Wissenschaften ihren Sitz; die Villa Marmori, ein wunderschönes Jugendstilgebäude in derselben Straße, beherbergt das Musikkonservatorium.

Von der Via XX Settembre ist es ein Katzensprung zum Castello di San Giorgio auf dem Poggio-Hügel, der einen herrlichen Blick über die Bucht eröffnet. Die Lage lässt keinen Zweifel an der Wacht- und Verteidigungsfunktionen der Anlage, die im Laufe der Jahrhunderte mehrfach umgebaut wurde. Sie wurde um 1260 (eventuell auf den Resten eines Vorgängerbaus) durch Niccolò Fieschi errichtet; im 14. Jahrhundert wurde von dort aus die Mauer hochgezogen, die, mit fünf Türmen und vier Toren versehen, die Siedlung umgab. In der restaurierten, von der Via 27 Marzo aus zugänglichen Festung befindet sich heute das Museo Civico Ubaldo Formentini, das 1873 gegründet wurde, um den zahlreichen von Amateuren und Fachleuten wie Giovanni Capellini in der Gegend zusammengetragenen archäologischen Fundstücken eine Heimstatt zu bieten. Zum Besitz des Museums zählen einige außergewöhnliche Fossilien: ein amphibisches Flusspferd, ein Furchenwal, ein Höhlenbär und ein etruskisches Nashorn. Der rührige Capellini erforschte unter anderem die Caverna dei Colombi auf Palmaria und förderte dabei wichtige prähistorische Funde zutage. Auch die Abriss- und Grabungsarbeiten

La Spezia, Menhirfiguren im Museo Civico

beim Umbau La Spezias zum militärischen Stützpunkt brachten Gegenstände solcher Art ans Licht. Tausende von Ausstellungsstücken erhielt das Museum 1938 durch eine Schenkung der Familie Fabbricotti aus Carrara, die die Ausgrabungen in Luni finanziert hatte. Doch am interessantesten sind die geheimnisvollen Stelenfiguren, Sandsteinmonolithe aus der Bronze- und Eisenzeit, die an verschiedenen Stellen in der Lunigiana aufgefunden wurden; rätselhafte Überbleibsel einer bedeutenden vorrömischen Kultur, die zwischen Pontremoli und dem Meer angesiedelt war. Im Castello del Piagnaro in Pontremoli finden sich weitere Exemplare dieser Skulpturen, die trotz der altersbedingten Schäden noch männliche und weibliche Menschenfiguren erkennen lassen.

Die Via XX Settembre führt Sie außerdem zur Piazza Verdi, wo das Postgebäude mit einer künstlerischen Überraschung

La Spezia

FARINATA

Typisch für La Spezia und diesen Teil der Riviera ist neben der *mesciua* auch die *farinata*: ein fester Brauch, dem sich weder Einheimische noch Gäste zu entziehen vermögen. Sie glauben gar nicht, wie schnell man sich daran gewöhnen kann, nachmittags mit einem dampfenden, duftenden Teigfladen auf der Hand durch die Gegend zu schlendern.

Dem flüssigen Teig aus Kichererbsenmehl, Wasser und Extravergine-Olivenöl nach könnte die *farinata* arabischen oder römischen Ursprungs sein. Vom Aussehen her erinnert sie aber eher an die Polenta, die in vielen Mittelmeerkulturen bekannt ist. In Genua waren im 15. Jahrhundert Herstellung und Handel gesetzlich geregelt; im 18. Jahrhundert wurde in der gleichen Stadt sogar eine Ode an die *farinata* verfasst.

In La Spezia und Umgebung ist die *farinata* (*calda calda* in Massa-Carrara, *cecina* in Pisa) heute mehr denn je ein deftiges Schmankerl für jede Gelegenheit. Heiß in das typische gelbe Papier gewickelt, lässt sie sich hervorragend ohne jede Beilage aus der Hand essen. Mit *focaccia* ist sie eine ausgezeichnete Stärkung (und eine Kalorienbombe ohnegleichen). Manche Bäckereien servieren sie auch an Tischen mit einer guten Flasche Wein oder einem Bier.

Die Zubereitung ist kinderleicht: Man rührt 500 Gramm Kichererbsenmehl in zwei Liter Wasser ein, verquirlt das Ganze und gibt ein wenig Öl hinzu. Diesen Teig lässt man ruhen und rührt ihn dann noch einmal gut durch. Das wahre Geheimnis ist der Holzofen, in dem der hauchdünn verstrichene Teig in großen runden Formen gebacken wird. In der extremen Hitze verdampft das Wasser sofort; Öl und Mehl verbinden sich zu einer aromatischen Masse. Die Oberfläche ist goldgelb mit einzelnen dunkleren Stellen. Bei sich zu Hause braucht man das gar nicht erst zu probieren: Die Hitze eines normalen Küchenherdes reicht bei weitem nicht aus.

Besser, man geht in eine der traditionellen Bäckereien, stellt sich an und schwelgt in dem Gefühl, Teil einer verschworenen Gemeinschaft zu sein. Diese Empfindungen äußerte auch der französische Dichter Paul Valéry 1910 nach einer Reise, auf der er die ligurischen Spezialitäten schätzen gelernt hatte: »... riesige goldgelbe Kuchen, Kichererbsenfladen... Gefühle wie in einem arabischen Märchen. Geballte Gerüche, Gewürze, Käse, gerösteter Kaffee, leckerer, fein gerösteter Kakao... Duftende Küchen. Riesige Kuchen, Kichererbsenmehl, ein buntes Gemisch, Sardinen in Öl, hart gekochte Eier im Teig, Spinatkuchen, Omeletts. Uralte Traditionen.«

---

aufwartet: den Mosaiken der zwei Futuristen Enrico Prampolini und Fillìa (Pseudonym von Luigi Colombo). Da der Raum mit den Mosaiken aber normalerweise nicht für die Öffentlichkeit zugänglich ist, müssen Sie einen der Angestellten um Einlass bitten.

Sie erreichen den Palazzo del Governo und die riesige Piazza Europa, umrahmt vom Rathaus (1928), von der Handelskammer und dem auffälligen Bau der Kathedrale Cristo Re, der nach seiner Fertigstellung in den 1970er-Jahren für lebhafte Diskussionen in der Bevölkerung sorgte: Die einen fanden, er passe gut ins Stadtbild; die anderen hielten ihn für ein typisches Beispiel geschmackloser moderner Architektur.

Um einiges interessanter ist die romanische Pieve di San Venerio, die um das Jahr 1000 außerhalb der Stadt in Richtung Felettino errichtet wurde und fast unverändert erhalten ist. Von der Uferpromenade – die palmenbestandene Passeggiata Morin gehört zu den elegantesten ihrer Art in Ligurien – kann man jenseits des Viale Italia die Fassaden einiger Palazzi aus dem 19. Jahrhundert und deren schöne Gärten ausmachen. In einem davon, dem ehemaligen Albergo Reale Croce di Malta, stiegen häufig Mitglieder der savoyischen Königsfamilie ab, um das sonnige, milde Klima des Golfs zu genießen (heute befindet sich dort das Fremdenverkehrsbüro). Zu jener Zeit gab es eine richtiggehende Connection Turin-La Spezia: Massimo d'Azeglio, der Ministerpräsident von Sardinien-Piemont, verbrachte häufig seine Ferien hier. Gerne erinnert man sich auch des seltsamen Bündnisses zwischen dem piemontesischen Staatsmann Cavour und der aus

La Spezia gebürtigen Marchesa Virginia Oldoini, besser bekannt als Contessa di Castiglione (die ihren Mann Francesco Verasis kennen lernte, als dieser im Gefolge des savoyischen Hofs im Reale weilte). Den unbestreitbaren Charme der schönen Frau nutzend, schickte Cavour sie als Verbündete nach Paris, wo sie bei den Franzosen für die italienische Sache werben sollte.

Sie haben La Spezia nicht gesehen, wenn Sie nicht wenigstens einmal Fisch und Muscheln gekauft haben. Wenn Sie ein für La Spezia typisches Ritual miterleben wollen, nämlich wie der gerade vom Meer hereingebrachte Fisch sortiert wird, müssen Sie frühmorgens zum überdachten Markt an der Piazza del Mercato coperto gehen, wo Sie sich »nur noch« entscheiden müssen zwischen Seezungen, Sardinen, Sardellen aus Monterosso, Brassen, Rochen, Drachenköpfen, Meeraalen, Roten Knurrhähnen und Miesmuscheln aus Portovenere, den durchaus würdigen Nachfolgern der Steindatteln, die inzwischen unter Naturschutz stehen. Mit dem Auto fahren Sie nun auf dem Viale San Bartolomeo in den Ostteil der Stadt, wo alles Werftgelände ist: die auf unsichtbare Weise miteinander verbundenen Werke, die Molen und Container des Handelshafens, der sich bis nach Muggiano erstreckt, früher ein beliebtes Strandbad.

Die Küste drückt sich am Hafendamm vorbei und auf der Höhe der Baia Blu beginnt das Gebiet der Gemeinde Lerici. Es geht hinauf in Richtung Solaro; übers Meer erblickt man die Burg von **San Terenzo,** den Ort der Erinnerung an die berühmtesten Dichter und Sänger des Golfs. Ursprünglich hieß das

Lerici

10 km von La Spezia
Einwohner 11174
Höhe 10 m ü. d. M.
PLZ 19032

Informationen

Municipio
piazza Bacigalupi, 9
Tel. 0187 967134

Ufficio Turismo
via Gerini, 18
Tel. und Fax 0187 966831
www.comune.lerici.sp.it
E-Mail: pubblist@iclab.it

Ufficio Informazioni APT
via Biaggini, 6
Tel. und Fax 0187 967346

Museen

Museo Geopaleontologico
Castello di Lerici
piazza San Giorgio, 1
Tel. 0187 969042
Fax 0187 942838
www.museocastello.lerici.sp.it
E-Mail: info@museocastello.
lerici.sp.it
Öffnungszeiten: November bis März werktags von 9–13 und 14.30–17.30 Uhr; April bis Juni und September bis Oktober werktags von 9–13 und 15–19 Uhr; Juli und August werktags von 10–13 und 17 bis 24 Uhr; sonn- und feiertags 9–18 Uhr. Montags geschlossen.

**Centro Congressi
Villa Marigola**
Carispe spa
via Biaggini,1
Tel. 0187 773318
Fax 0187 773595
www.villamarigola.com
E-Mail: meeting@
villamarigola.com

Übernachtung

Doria Park Hotel
via Doria, 2
Tel. 0187 967124
Fax 0187 966459
www.domani-usa.com/
lerici/doria.html
E-Mail: doriahotel@
tamnet.it.

kleine Dorf Portiolo; den Namen des Heiligen nahm es erst an, nachdem dieser auf einer Pilgerreise nach Rom dort Station gemacht hatte. Es muss ein einfaches Fischerdorf gewesen sein, überragt von der mächtigen Festung. Die Historiker sind sich nicht einig darüber, wann die Burg entstand, die offensichtlich mehrfach umgestaltet wurde, doch wahrscheinlich war sie zunächst ein schlichter Bau, der später erweitert wurde, um ausreichend Schutz vor den Überfällen der Sarazenen zu bieten. Die jüngsten baulichen Veränderungen der Wehranlage gehen auf das 16. Jahrhundert zurück. Die Mauern und die Türme wirken jedoch keineswegs bedrohlich – vielleicht weil ihre Wuchtigkeit durch das Meer und durch die bunten Häuser an dem kleinen Platz, an dem sich die Einwohner treffen, abgemildert wird. Einen Halt sollten Sie unbedingt einplanen, auch wenn der viele Verkehr etwas störend ist.

San Terenzo

Das Dorf ist recht malerisch mit seinen farbenfrohen ligurischen Häusern. Die kleine Pfarrkirche aus dem 17. Jahrhundert birgt ein Gemälde, das Domenico Fiasella zugeschrieben wird, nach seinem Geburtsort »Il Sarzana« genannt; er lebte an der Schwelle des 16. zum 17. Jahrhundert und pflegte einen eklektischen Stil, der sich an verschiedenen Malern orientierte, vor allem jedoch den Darstellungsformen Caravaggios nahe kam.

Auf der Weiterfahrt in Richtung Lerici erkennen Sie schon von weitem die Bögen und die weiße Fassade der Villa Magni, in der Percy Bysshe Shelley wohnte, der berühmte, ewig rastlose Vertreter der englischen Romantik, 1792 in Horsham, Sussex, geboren und 1822 während eines Ausflugs nach Viareggio in den Fluten umgekommen. Ein anderer englischer Dichter, mit Shelley befreundet, jedoch wesentlich stürmischerer Natur als dieser, folgte ihm an die Riviera: George Byron. Die beiden Schriftsteller, zu denen sich im Laufe der Jahre noch weitere gesellten, begründeten den Mythos der »Dichterbucht« und ließen diesen Landstrich in die Literaturgeschichte eingehen.

Die weiter nach **Lerici** führende Straße am Meer kann man ohne weiteres auch zu Fuß entlanggehen – außerhalb der heißen Sommermonate ein schöner Spaziergang. Die gewaltige Festung bildet den Hintergrund der Szene, in der sich nach und nach die Details der in den klassischen Pastelltönen gehaltenen Häuser abzeichnen. Auch das Wasser belebt sich mit ein- und ausfahrenden Kähnen, Motorbooten und Segelschiffen, die den Hafen als Ziel von Fischern und Badegästen zu erkennen geben.

Man möchte am liebsten sofort zum Hafen hinunter und sich unter die Fischer und Touristen mischen, die sich dort tummeln, doch zuvor ist noch eine weitere literarische Etappe zu absolvieren. Vor dem Ort prangt nach einer weiten Kurve inmit-

Die Burg von San Terenzo

Lerici

Hotel Europa
località Maralunga
via Carpanini, 1
Tel. 0187 967800
Fax 0187 965957
www.europahotel.it
E-Mail: europa@europahotel.it

Miranda
località Tellaro
via Fiascherinio, 92
Tel. 0187 968130
Fax 0187 964032
www.karenbrown.com/italy/locandamiranda.html

Shelley & delle Palme
lungomare Biaggini, 5
Tel. 0187 968204
Fax 0187 964271
www.charmerelax.it
E-Mail: shalleyspa@libero.it.

Campeggio Gianna
località Tellaro
via Fiascherino, 7
Tel. und Fax 0187 966411
www.campeggiogianna.com
E-Mail: informations@campeggiogianna.com

Restaurants

Dar Magasin
frazione La Serra
via Casamento, 18
Tel. 0187 964708
Dienstags geschlossen.

Il Delfino
frazione Tellaro
via Fiascherino, 104
Tel. 0187 969092
Montags geschlossen;
im August täglich geöffnet.

Il Frantoio
via Cavour, 21
Tel. 0187 964174
Montags geschlossen;
im Sommer täglich geöffnet.

La Barcaccia
piazza Garibaldi, 8
Tel. 0187 967721
Donnerstags geschlossen;
im August täglich geöffnet.

La Conchiglia
piazza del Molo, 3
Tel. 0187 967334
Mittwochs geschlossen;
im Sommer täglich geöffnet.

ten des Grüns eines prachtvollen Parks die Villa Marigola, heute im Besitz der Sparkasse von La Spezia. Einer ihrer Gäste war Sem Benelli, Theaterschriftsteller aus Florenz, der hier 1909 sein erfolgreichstes Stück *Das Mahl der Spötter* schrieb. Er soll außerdem der Erste gewesen sein, der diese herrliche Gegend einer spontanen und sehr glücklichen Eingebung folgend als »Dichterbucht« bezeichnete. Heutzutage finden in der Villa Ta-

Die Burg von Lerici

gungen und Seminare zu verschiedensten Themen statt; im Juli wird sie zu einem über die Grenzen der Region hinaus bekannten literarischen Salon. Schließlich erreichen wir das Städtchen, das die herrliche Bucht in einem Bogen einschließt und sich den Neubauten der letzten Jahrzehnte zum Trotz einen besonderen Reiz bewahrt hat und sanfter und lieblicher als die rauen, spröden Cinque Terre wirkt. Vom Meer aus erscheinen die mit dem

Grün der Olivenbäume grundierten Hänge wie besprenkelt mit unzähligen Häusern. Der Anbau ist hier vielfältig; Rebstöcke werden häufig wie Hecken und Blumen als Begrenzung angepflanzt. Am Ende des Winters leuchtet überall das Gelb der Mimosen. Als Pendant zum Farbenspiel der vom Menschen gestalteten Natur auf den Hügeln glitzern die Masten der Schiffe in der friedlichen Bucht, geschützt von dem Wellenbrecher, der unterhalb der Burg ins

Wasser hineinragt. Hoch oben, außerhalb des Zugriffs der räuberischen Sarazenen, lag die Siedlung Barbazzano, in der manche die Wiege der Zivilisation in dieser Gegend sehen. Lerici wurde im 19. Jahrhundert von den ersten Reisenden und Literaten aus anderen europäischen Ländern »entdeckt«: Sie schätzten die Ruhe, das Klima und nicht zuletzt das berückende Panorama, das sich vom Meer und von den Hügeln aus bot. Die Gründe für ihren Be-

Lerici

Lerici

Miranda
località Tellaro
via Fiascherino, 92
Tel. 0187 968130
Montags geschlossen.

Palmira
località San Terenzo
via Trogu, 13
Tel. 0187 971094
Mittwochs geschlossen;
im Sommer täglich geöffnet.

Ein aperitif, eine Kleinigkeit zu essen, ein Kaffee

Pan-Enoteca
località Solaro
via Militare, 72
Tel. 0187 970016
Mittwochs geschlossen.

Eis

Gelateria Teddy
località San Terenzo
via Mantegazza, 5
Tel. 0187 972297

Einkaufen

Miesmuscheln

**Cooperativa
Mitilicoltori Spezzini**
località Pozzuolo
via Santa Teresa, 21

Brot und Feingebäck

Panificio Brondi e Cargioli
via Petriccioli, 58

Pasticceria Oriani
località San Terenzo
via Matteotti 31

Wein

Azzarini Francesco
via Petriccioli, 6

Kunsthandwerk

Malaika
via Roma, 14

such waren eigentlich logistischer Art, doch alle fügten sich begeistert in dieses Schicksal. Nach ein paar Tagen Rast ging die Reise weiter: übers Meer nach Genua (der Weg über die Berge war schwierig und ge- fährlich) oder in die Toskana (die Straße nach Sarzana über den Barcola-Pass wurde erst 1697 für den Verkehr geöffnet und selbst danach musste man immer noch mit der Fähre den Magra überqueren). Der Hafen

Lerici

Der Golf von La Spezia

Die cavanei am Monte Caprione

Die sich hinter Lerici in Richtung Montemarcello und Punta Bianca erstreckenden Höhenzüge werden gemeinhin dem Monte Caprione zugerechnet, dem Berg an der Grenze zur Gemeinde Ameglia, zu der einst auch Tellaro gehörte. Der Golf von La Spezia ist gut zu sehen, doch das Meer ist wie eine andere Welt, weil diese Gegend immer von der Landwirtschaft geprägt war, von Olivenhainen und Hügeln, auf denen Wildkräuter und Pilze wachsen. Die Spezialität von La Serra (etwas oberhalb von Lerici an der Straße nach Montemarcello) zum Beispiel sind auf vielerlei Weise zubereitete Schnecken: In der für den Ort typischen Variante (*lumache della Serra*) werden sie mit Gewürzen und Lorbeer in Wasser abgebrüht und in eine Sauce aus Knoblauch, Petersilie, Gewürzen, Tomaten und Wildem Fenchel gegeben; beim Kochen wird Weißwein zugesetzt. Wenn man Brot in die Sauce stippt, schmeckt man deutlich die scharfe Peperoni heraus. Eine Fahrt nach La Serra lohnt sich nicht nur wegen der Gaumenfreuden. Die vielfältigen Nuancen und der Liebreiz der Landschaft werden von dem Dichter Paolo Bertolani besungen. Er schreibt im Dialekt und seine Verse sind eine Art geschichtlich-soziologische Abhandlung über seine Heimat. Übersetzt klingt das so:

»Gebt mir noch einmal etwas zum Eidechsenjagen,
eine ordentliche Steinschleuder,
um eine kleine Schlacht zu schlagen,
dort bei Càsua
an einem Tag, an dem die Sonne schwach sein mag.
Aber es reicht auch weniger,
weniger als so viel...
Doch schickt mich nicht ans Meer,
in diese Brühe,
mich, der ich das Meer gesehen habe,
als es sauber war wie eine Hand,
und alles ein Fisch,
alles ein Fischen,
vor ein paar hundert Jahren:
Man brachte die Schafe dorthin, um sie zu waschen und zu scheren.
Zu jener Zeit blieben die Familien
oft zum Essen am Strand.«

Das Geheimnis des Monte Caprione sind die *cavanei*, kleine, trocken gemauerte Steinbauten, die an die Nuraghen auf Sardinien erinnern. Sie sind quadratisch oder rund und ohne erkennbare Ordnung über Felder und Wald verteilt. Unterstände für Menschen oder Gerätschaften? Wohnhäuser? Eine Antwort auf diese Fragen steht noch aus; einziger Anhaltspunkt ist die große Anzahl dieser seltsamen Bauten. Gino Calbano hat in einer Untersuchung rund 150 *cavanei* gezählt. Zur Erläuterung zitiert der Wissenschaftler einen Abschnitt aus dem Werk des griechischen Geographen und Geschichtsschreibers Strabon, der vermutlich zwischen 63 v. Chr. und 28 n. Chr. lebte: »Die Städte der Ligurer sind rar. Die meisten wohnen in Häusern, über die Berge verstreut und durch Erdwälle geschützt, die Talschluchten, Weiden und Wasserläufe überragen. Ihre Hütten sind ohne Mörtel aus Steinen aufgesetzt, doch sie sind selten dort und verabscheuen die Benutzung von Betten, als wären sie Gräber für Lebende.« Vielleicht kann man ja in diesen Zeilen tatsächlich die allerersten Vorläufer der *cavanei* von Lerici entdecken.

Lerici

Sport

Golf Club Marigola
via Biaggini, 5
Tel. 0187 952256

Scuola di vela Santa Teresa
località Pozzuolo
via Santa Teresa
Tel. 0187 970311
und 0187 971414

Bootsfahrten

Navigazione Golfo dei Poeti
piazza Garibaldi
Tel. 0187 967676

hatte demnach eine nicht unerhebliche wirtschaftliche Bedeutung, und die meisten Gäste kamen im Winter und Frühjahr, weil dann das milde Klima zu schönen Spaziergängen einlud. Die belebte Vergangenheit scheint jedoch keinen größeren Einfluss auf die Entwicklung des Ortes gehabt zu haben, der in der Folge ein beliebtes Touristenziel wurde. Durch die tiefe Verwurzelung in ihrer Heimat konnten die Einheimischen ihre Identität und Kultur bewahren. Ausgrabungen haben gezeigt, dass das Umland des Städtchens in prähistorischen Zeiten eine Art Jurassic Park gewesen sein muss: Es wurden Reste und Versteinerungen verschiedenster Tierarten gefunden, die im geopaläontologischen Museum in der Burg (montags geschlossen) zu besichtigen sind.

Zahllose Geschichten und Legenden ranken sich um den hübschen Ort, der den Dichter Percy Bysshe Shelley zu schwärmerischen Versen inspirierte: »…I sat and saw the vessels glide / Over the ocean bright and wide, / Like spirit-winged chariots sent / O'er some serenest element / For ministrations strange and far, / As if to some Elysian star / Sailed for

Lerici

Der Golf von La Spezia

drink to medicine / Such sweet and bitter pain as mine. / And the wind that wing'd their flight / From the land came fresh and light, / And the scent of winged flowers, / And the coolness of the hours / Of dew, and sweet warmth left by day, / Were scatter'd o'er the twinkling bay. / And the fisher with his lamp / And spear about the low rocks

damp / Crept, and struck the fish which came / To worship the delusive flame ...«
Der Wind, der den Kräuter- und Blütenduft verbreitet und die Segel bläht, die Erlebnisse von Fischern und Seeleuten, die Erzählungen weit zurückliegender Ereignisse kehren in Poesie verwandelt in den Zeilen der großen englischen Dichter wieder, die an dieser Küste ein Paradies fanden, das ihre romantischen Sehnsüchte stillte. Doch zum Leben in Lerici gehören auch konkrete Fakten, harte Arbeit auf See, zum Fischfang oder auf Handelsschiffen. Zu allen Zeiten waren sehr viele Lericiner als Kapitäne von Schiffen und Überseedampfern auf den Ozeanen unterwegs, blieben jedoch dem Festland immer eng verbunden, hatten die Erinnerung an Familie und Freunde im Gepäck, um ihnen bei der Rückkehr von Ländern und Meeren in der Ferne zu berichten, jenseits des Horizonts, der von den verschwommenen Umrissen der Inseln und dem Kap von Portovenere durchbrochen wird. Von der Felsspitze, auf der sich die Burg erhebt, kann man die schmale Landzunge erkennen, an die sich auf der anderen Seite der Bucht die Häuser von Portovenere schmiegen. Die beiden äußersten Punkte des Golfs von La Spezia bildeten einst die Grenzen des Kriegs zwischen Genuesern (in Portovenere) und Pisanern (in Lerici), die dort mit dem Bau der Burg begannen, wo eventuell schon vorher eine Festung gewesen war. Man schrieb das Jahr 1241. Kurz zuvor waren die Genueser auf der Insel Giglio geschlagen worden, doch bereits 1256 eroberten sie den Ort zurück, den sie 1152 erworben hatten: Mit dem in Portovenere unterzeichneten Vertrag erhielten sie einen Wachturm (vermutlich ähnlich dem in Vernazza). Genua machte sich sofort an eine Erweite-

SEEMANNSKEKSE

»Kekse, bekannt in der ganzen Region«. Das ist alles, was der 1931 vom Touring Club veröffentlichte Gastronomieführer zu Lerici vermerkt; da keine weiteren Spezialitäten erwähnt werden, müssen die Kekse aus Lerici in ganz Italien etwas Besonderes gewesen sein. Die Zutaten für diese Leckerei sind einfach nur Mehl, Zucker, Eier und Anis. Das Eiweiß soll möglichst steif geschlagen werden, damit die Anisplätzchen luftig und aromatisch werden. Manchmal gibt man auch Backpulver oder (früher) Weinstein und Bikarbonat hinzu. Das zweimalige Backen – aus lateinisch bis (zweimal) und coctum (gebacken) leitet sich das italienische biscotto ab, das sowohl »Keks« als auch »Zwieback« bedeutet – kam wohl im 17. Jahrhundert in Frankreich auf; doch die Praxis, Kerne, Kräuter und Gewürze in den Teig zu geben, ist viel älter (wohingegen Zucker, zumindest bis zum 18. Jahrhundert, ein Luxusgut für Reiche war und sonst nur als Arznei eingesetzt wurde). Giovanni Casaccios Genuesisch-Italienisches Wörterbuch von 1851 definiert biscotto (beschéutto) als »zweimal gebackenes Brot, hauptsächlich auf See verwendet«.

Noch heute sagt man im Italienischen, dass jemand »ohne biscotto an Bord geht«, wenn er sich nicht angemessen auf eine Aufgabe vorbereitet hat.

Ähnliches Gebäck wie das aus Lerici gibt es auch in Genua (biscotti del Lagaccio) und in anderen Regionen. Doch der biscotto gehört zum Meer: eine Art Edelzwieback, den man auf lange Reisen mitnimmt. In Lerici erzählt man sich dazu eine ergreifende Geschichte: Eine junge Frau buk Plätzchen für ihren Mann, der als Kapitän eines Schiffes nach Amerika aufbrach. Als er auf dem Meer die Dose öffnete, erfüllte ihn der Duft der Kekse mit einer beglückenden Erinnerung an seine Frau.

Von da an gab sie ihm auf jede Reise Anisplätzchen mit. Doch eines Tages kam der Mann bei einem Sturm ums Leben. In Gedenken an ihre große Liebe buk die Frau weiterhin Kekse und verkaufte sie am Hafen an die jungen Matrosen, die an Bord gingen.

Erklären lässt sich die Tradition der Aniskekse vielleicht mit den Essgewohnheiten der jüdischen Gemeinden, die seit dem 10. Jahrhundert in der Lunigiana und an der Küste bei La Spezia lebten. An Passah, dem jüdischen Osterfest, gelten strenge Speisevorschriften; erlaubt ist unter anderem ein Gebäck aus Matzenmehl, Zucker, Anis und Eiern. Mit Passah wird die Befreiung der Juden aus der ägyptischen Gefangenschaft gefeiert; Brot und Speisen dürfen keine Treibmittel enthalten. Der Matzen ist ein ungesäuertes Brot, das zerbröselt als Ersatz für normales Mehl verwendet wird. Eine jüdische Gemeinde hatte sich Mitte des 17. Jahrhunderts in der Altstadt von Lerici, zwischen der heutigen Piazza Garibaldi und der Burg, angesiedelt; 1676 erkannte Giovanni Battista Spinola, Bischof von Luni, ihr Wohnrecht in diesem Viertel offiziell an.

Vermutlich fand auf diesem Weg das rituelle Gebäck der Juden aus Lerici Eingang in die Backtraditionen der christlichen Bevölkerung.

rung der Burganlage, trotz derer in der Folgezeit viele – und einige mit Erfolg – versuchten, das Symbol der »Dichterbucht« zu erstürmen. Zuerst kam die Auseinandersetzung zwischen Guelfen und Ghibellinen Anfang des 14. Jahrhunderts; dann waren die Franzosen an der Reihe, die die begehrte, aber schwierig zu haltende Festung 1414 an die reichen Florentiner abtraten. Ein weiterer Wechsel brachte Genua an die Macht, das seinerseits durch Alfons von Aragonien abgelöst wurde. Irgendwann war für die Einwohner das Maß voll: Mit einem Aufstand vertrieben sie die Spanier und begaben sich zurück in die Obhut Genuas, die ihnen mehr Schutz und Ruhe versprach.
Bei der Besichtigung der Burg werden Sie feststellen, dass die Geschichte nicht gerade sanft mit Lerici umgegangen ist. Die verschiedenen, eher strategisch bedingten als künstlerischen Ansprüchen gehorchenden Umbauten sind noch deutlich zu erkennen. In der imposanten Anlage – der am besten erhaltenen Festung in der Gegend – ist vom ursprünglichen Bau aus dem 13. Jahrhundert kaum etwas übrig geblieben, weil die Mauern ständig an die verbesserte Reichweite und Schlagkraft der Feuerwaffen angepasst wurden. Die letzten nennenswerten Veränderungen gehen auf die Mitte des 16. Jahrhunderts zurück. Mit ihrem mächtigen fünfeckigen Turm flößt einem die gestrenge Burg noch heute Respekt ein. Der Besuch lohnt sich nicht zuletzt wegen des unvergleichlichen

Lerici

Ausblicks von der Mauer und der (wahrscheinlich auf Betreiben von Pisa) im Stil der ligurischen Gotik erbauten Kapelle Sant'Anastasia.

Die Burg ist bequem zu erreichen; neben dem geopaläontologischen Museum laden auch die häufig, vornehmlich im Sommer, stattfindenden Ausstellungen dorthin ein. Vor ein paar Jahren war in einigen Räumen des Gebäudes eine Jugendherberge untergebracht. Auch der Magie der reizvollen Umgebung kann sich der Besucher kaum entziehen: Lerici hat etwas Geheimnisvolles an sich.

Der Ursprung des Namens ist ungewiss und reicht in graue Vorzeit zurück. Er könnte aus der Mythologie abgeleitet sein: Dem Geographen Ptolemäus zufolge, der im 2. Jahrhundert n. Chr. lebte, soll Eryx, der Sohn von Venus und Neptun, den *Ericis Portus* gegründet haben. Ein Zusammenhang mit Erice in Sizilien ist nicht auszuschließen. Eine andere – vielleicht plausiblere – Hypothese stützt sich auf eine botanische Besonderheit der Wälder um Lerici in den vergangenen Jahrhunderten: die große Zahl von *lecci* (Steineichen), Grundlage für die Bezeichnung *Mons Ilicis,* die in einer Urkunde von 1152, als die Herrscher von Vezzano ihr Eigentum den Genuesern übertrugen, und in einem Text von 1185, als Friedrich Barbarossa hier vorbeizog, erwähnt wird.

1286 bis 1287 wurde in unmittelbarer Nähe der Burg und des befestigten Ortes, aber bereits außerhalb der Mauern, mit dem Bau der Kirche Santi Martino e Cristoforo begonnen, die 1524 dem Heiligen Rochus geweiht wurde (ein wichtiger Heiliger in der Lunigiana). Daneben wurde der wuchtige Turm errichtet, der mit seinen Reliefs aus dem 16. Jahrhundert immer noch den kleinen Platz im Zentrum prägt. Hier können Sie ein wenig verschnaufen und einige gut erhaltene Häuser und Palazzi im typisch ligurischen Baustil betrachten. Wenn Sie fernab der Hauptverbindungswege durch die mittelalterlichen Gassen schlendern, werden Sie ein Städtchen entdecken, das sich seine historischen und künstlerischen Eigenheiten bewahrt hat: Der Eindruck der mehrstöckigen Wohnungen mit geranienbewachsenen Balkonen, der kleinen Geschäfte und der traditionellen Wirtshäuser vermischt sich mit dem Kräuter- und Pesto-Duft, der aus den Häusern dringt, und den Stimmen der vom Einkaufen zu-

Lerici

rückkehrenden Frauen. Eine auf den Menschen zugeschnittene Welt, die von den Touristenströmen am Hafen weitgehend unberührt geblieben ist.

Gleich nach der Piazza Garibaldi steigt die aus Lerici hinausführende Via Petriccioli an und bald trifft man auf die Kirche San Francesco, die ab 1630 an der Stelle eines zerstörten Vorgängerbaus aus dem 14. Jahrhundert im typisch ligurischen Stil errichtet wurde. Die Barockfassade wurde 1962 restauriert. Im Innern können Sie einige der bedeutendsten Kunstwerke am Golf von La Spezia bewundern: die Orgel, ein Bild aus dem 15. Jahrhundert mit dem Titel *Madonna di Maralunga,* verschiedene Gemälde aus dem 17. Jahrhundert, darunter die *Madonna mit dem Kind und Heiligen* von Fiasella. Demselben Künstler wird eine Malerei von 1659 zugeschrieben; das marmorne Altarbild stammt von dem französischen Bildhauer Domenico Gar, der im 16. Jahrhundert in diesem Teil von Ligurien wirkte.

Die Sehenswürdigkeiten sind damit abgehakt, doch am schönsten ist es ohnehin, durch die Gassen zu spazieren und festzustellen, wie gut sich das internationale Treiben mit dem ruhigen Lebensstil und der familiären, dörflichen Atmosphäre verträgt.

Falls es Zeit ist, irgendwo zum Essen einzukehren, so mangelt es nicht an Möglichkeiten. Oder aber Sie gehen ans Ufer hinab und gönnen sich etwas zu trin-

SANTO STEFANO MAGRA

16 km von La Spezia
Einwohner 8366
Höhe 50 m ü. d. M.
PLZ 19037

INFORMATIONEN

Municipio
piazza Matteotti
Tel. 0187 697111

HOTEL MIT RESTAURANT

La Trigola
località Ponzano Superiore
via Gramsci, 63
Tel. und Fax 0187 630292

EINKAUFEN

OLIVENÖL

Lucchi & Guastalli
località Ponzano Superiore
via Giovanni XXIII

AMEGLIA

17 km von La Spezia
Einwohner 4525
Höhe 89 m ü. d. M.
PLZ 19031

INFORMATIONEN

Municipio
piazza Sforza, 1
Tel. 0187 60921

BESICHTIGUNGEN

Botanischer Garten von Montemarcello
Ente Parco di Montemarcello-Magra
Tel. 0187 691071
Fax 0187 606738
www.parks.it/parco.
montemarcello.magra/index.html
www.parcomagra.iclab.it
E-Mail: mcaleo@iclab.it

ÜBERNACHTUNG

**Paracucchi
Locanda dell'Angelo**
località Marinella
viale XXV Aprile, 60
Tel. 0187 64391
Fax 0187 64393

ken oder ein Eis, während Sie die Boote und kleinen Jachten beobachten, die sich in der stillen Bucht tummeln und jene Seefahrertradition fortführen, auf die sich Lericis Ruhm gründet.

Vom alten Ortskern ist es ein Katzensprung zu dem südöstlich gelegenen Abzweig zu den Ortsteilen **Maralunga, Fiascherino** und **Tellaro.** Die Straße folgt auf einigen Kilometern der zerklüfteten Steilküste (die Parallelstraße oberhalb führt nach Montemarcello). Das Meer leuchtet in kräftigen Grün- und Blautönen und hier und da macht die Macchia kleinen Stränden Platz. Besonders schön ist der Strand in Fiascherino. Die prachtvollen Villen können einen schon neidisch werden lassen, wie sie sich so zwischen das Grün der Olivenbäume und das Blau des Meeres schmiegen, genau unterhalb der Ruinen des einstigen Barbazzano. In der Ferne lockt bereits die Farbenvielfalt von Tellaro mit der Kirche direkt am Wasser und den übereinander getürmten Häusern, deren gelb, rosa und grün getünchte Fassaden trotz der zarten Töne eine ungemeine Kraft und Lebendigkeit ausstrahlen.

Das Dorf ist so winzig, dass Sie es in wenigen Minuten durchqueren können: Durch hübsche enge Gässchen gelangen Sie zur Pfarrkirche, in der unter anderem ein kostbares Altarbild aus dem 16. Jahrhundert zu sehen ist. Die Wellen brechen sich hier an tiefschwarzen Felsen. Man fühlt sich unweigerlich an

Tellaro

die Cinque Terre erinnert. Tellaro ist eine Art Nachschlag, die letzte bewohnte Siedlung auf dem Felsmassiv des östlichen Ligurien. Mario Soldati machte sie in den 1960er-Jahren zu seiner Wahlheimat und trat damit in die Fußstapfen von D. H. Lawrence, der Anfang des letzten Jahrhunderts hier lebte. In einem Brief schrieb er 1913: »Wir sind eine Wegstunde von San Terenzo entfernt, wo Shelley wohnte. Man fährt von Genua – oder von Parma – mit der Eisenbahn nach La Spezia, durchquert dann die Bucht mit dem Schiff bis Lerici, nimmt ein Ruderboot und erreicht, wenn man immer an der Küste entlang die Kaps bis Fiascherino umrundet, die kleine Villa, in der wir uns eingenistet haben.«

Dahinter ist nichts anderes mehr als das Meer, die steil emporragenden Berge und die Möwen. Der ideale Ort für eine Bootsfahrt, denn nur vom Meer aus kann man die unvergleichliche Landschaft richtig bewundern, die zur Küste hin abfallenden, mit Olivenbäumen bedeckten Hänge und die Höhlen im Fels. Im Sommer ist ein Bad in dem erfreulich klaren Wasser eine herrliche Erfrischung; im Winter ist die Sonne warm genug, um ein wenig am Strand zu sitzen. Ein Gang durch die gewundenen Gässchen des an den Fels geklammerten Ortes eröffnet überraschende Blicke in von Glyzinien oder Rosmarin gesäumte Höfchen, auf kleine Loggien, Fenster und Tore, die von den Spuren der Zeit gezeichnet

Ameglia

Monastero Santa Croce
località Bocca di Magra
via Santa Croce, 30
Tel. 0187 60911
Fax 0187 6091333

Restaurants

Ciccio
via Fabbricotti, 71
Tel. 0187 65568
Dienstags geschlossen.

Dai Pironcelli
frazione Montemarcello
via delle Mura, 45
Tel. 0187 601252
Mittwochs geschlossen.

La Lucerna
località Bocca di Magra
via Fabbricotti, 127
Tel. 0187 601206
Montagabends und dienstags geschlossen; im Sommer täglich geöffnet.

Locanda delle Tamerici
Fiumaretta
località La Sergiunca
via Litoranea, 106
Tel. 0187 64262
Fax 0187 64627
Dienstag- und mittwochmittags geschlossen.

Sport

Corte di Camisano
via Arena, 1
Tel. 0187 65712

Sarzana

16 km von La Spezia
Einwohner 20103
Höhe 21 m ü. d. M.
PLZ 19038

Informationen

Municipio
piazza Matteotti, 1
Tel. 0187 6141

Turismo Verde
c/o Confcoltivatori
località Pallodola
via Cisa
Tel. und Fax 0187 626642

sind, Kopfsteinpflaster und in den Stein gehauene Treppen. Trotz des hohen Touristenaufkommens und trotz der Parkprobleme ist der Ort schön und von La Spezia aus leicht zu erreichen. Tellaro lässt ein Ligurien auferstehen, das man schon verloren glaubte, in Volkskundebücher und alte Drucke verbannt – eine märchenhafte Welt, die durch die Literatur zum Mythos wurde.

Von Tellaro führt ein Weg in wenigen steil ansteigenden Kehren zur Straße auf dem Kamm: ideal für einen Spaziergang durch die Olivenhaine und die Macchia, doch leider (oder zum Glück) nicht mit dem Auto befahrbar. Deshalb muss man erst nach Lerici zurückkehren und dort die Richtung zum Ortsteil **La Serra** (unter Feinschmeckern für seine Schnecken bekannt) einschlagen, das sich den pittoresken Einschnitten der Bucht zugewandt auf dem Hügel erhebt. Die acht Kilometer zwischen den letzten Häusern von La Serra und Montemarcello sind eine einzigartige Panoramaroute, auf der der Blick von der »Dichterbucht« bis zu den Apuanischen Alpen reicht. Wir sind inzwischen in der Lunigiana, dem Einzugsgebiet der historischen Orte im Magra-Tal (Sarzana, Ameglia, Castelnuovo, Magra), doch die Landschaft verändert sich so unmerklich, dass man kleine klare Trennlinie zwischen den einzelnen Gebieten ziehen kann. Der Wendepunkt ist die Punta Bianca, die auf einem Fußweg zu erreichende äußerste Spitze des Kaps von Montemarcello: im Westen Ligurien mit seinen Buchten, im Osten die Sandstrände der Toskana, als geographische Wasserscheide in der Mitte die breite Trichtermündung des Magra, für dessen einmalige Tier- und Pflanzenwelt ein Schutzgebiet eingerichtet wurde.

Nach dem Weiler **Le Figarole** schwenkt die Straße in Richtung Osten ab zu dem kleinen Ort **Montemarcello,** der bereits zur Gemeinde Ameglia zählt.

Ameglia

Mit dem Boot

Palmaria, Tino und Tinetto

Ausgangs- und Zielpunkt: Portovenere
Voraussichtliche Dauer: ein halber Tag

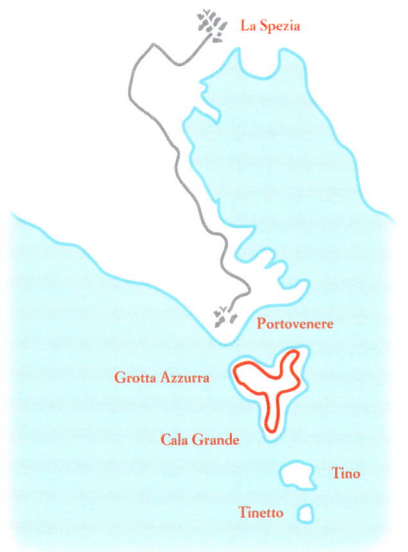

Der ideale Ausgangspunkt für einen Besuch der Inseln Palmaria, Tino und Tinetto ist der kleine Hafen in Portovenere, wo die Ausflugsboote ablegen. Angelegt wird auf Palmaria am Landungs-

Sarzana

Restaurants

Il Cantinone
via Fiasella, 59
Tel. 0187 627952
Montags geschlossen.

La Compagnia dei Balenieri
via Rossi, 28
Tel. 0187 603537
Montags geschlossen.

Eine Kleinigkeit zu essen

Er Boteghin
località San Lazzaro
via Aurelia, 312
Tel. 0187 675115
Mittwochs geschlossen.

Forno Antico
via Landinelli, 19
Tel. 0187 622524
Montags geschlossen;
im August täglich geöffnet.

Pizzeria farinata Da Silvio
via Marconi, 14
Tel. 0187 620272
Sonntags geschlossen; im Juli,
August, November und Dezember täglich geöffnet.

Pizzeria forno Bugliani
piazza San Giorgio, 20
Tel. 0187 620005
Sonntags geschlossen.

Einkaufen

Feingebäck

Pasticceria Francesco
via Terzi, 16

Pasticceria Il Loggiato
via Mazzini, 21

Wein und Delikatessen

Mulino del Cibus
via Cicala, 20

Merkwürdig wirkt dieses ordentliche, wie auf dem Reißbrett entworfene Dorf auf dem Gipfel des Hügels, mit kleinen Häuserblöcken und sich rechtwinklig kreuzenden Straßen, fast wie die Städtchen in der Ebene. Nachdem Sie in der Trattoria Dai Pironcelli *mesciua, lasagne bastarde* (die Teigblätter sind aus Weizen- und Kastanienmehl) und Fisch gekostet haben, sollten Sie die Pfarrkirche besichtigen, die mit einem ansprechenden marmornen Triptychon aus dem 16. Jahrhundert aufwartet, und durch die Straßen des Ortes schlendern, der mit seinen schönen Palazzi, den Balkonen und den behauenen Torbögen herrschaftlicher wirkt als die anderen Dörfer der Gegend.

Die gesamte Umgebung von Montemarcello ist Schutzgebiet und von Wegen und Maultiersäumen durchzogen, auf denen man weit in das dichte Gestrüpp der Macchia vordringen kann. Wie in vielen Orten der

Ameglia

Sarzana

Weinerzeuger

Il Monticello
via Groppolo, 7
Tel. und Fax 0187 621432

Santa Caterina
via Santa Caterina, 6
Tel. und Fax 0187 629429
E-Mail: akih@libero.it

steg Terrizzo oder beim Pozzale. Tino und Tinetto sind Militärgebiet und dürfen nur mit Genehmigung der Marine betreten werden. Von ihrer Form und Lage her sind die drei Inseln – früher »drei Geschwister« genannt – die gedachte Verlängerung des Kaps von Portovenere.
Palmaria war früher ein Portoro-Lieferant; heute sind die Marmorbrüche von dichtem Macchia-Gestrüpp überwuchert. Die Westseite ist durch hohe Klippen geprägt, die sich an manchen Stellen unvermittelt öffnen. Unten am Meer liegt die beeindruckende Grotta Azzurra, die mit einem kleinen Boot befahren werden kann. In der senkrechten Felswand befindet sich etwa 30 Meter über der Wasseroberfläche die Grotta dei Colombi, die in prähistorischen Zeiten bewohnt war. Auch im frühen Mittelalter herrschte auf Palmaria reges Treiben. Im 5. und 6. Jahrhundert hatte das Kloster San Giovanni dort seinen Sitz. Später

Castelnuovo Magra

25 km von La Spezia
Einwohner 7967
Höhe 181 m ü. d. M.
PLZ 19030

Informationen

Municipio
via Vittorio Veneto
Tel. 0187 693811

Pro Loco
Tel. 0187 674290

Übernachtung

**Agriturismo
La Cascina dei Peri**
via Montefrancio, 71
Tel. 0187 674085

Restaurants

Al Castello da Marco
via Provinciale, 247
Tel. 0187 674214
Montags geschlossen.

Da Armanda
piazza Garibaldi, 6
Tel. 0187 674410
Mittwochs geschlossen.

Mulino del Cibus
frazione Canale
via Canale, 46
Tel. 0187 676102
Montags geschlossen.

Einkaufen

Wurstwaren

**Antica Salumeria Macelleria
Elena & Mirco**
via Canale, 52

zogen sich die Mönche in die Einsamkeit und Ruhe der Insel Tino zurück.

Das außergewöhnliche Mikroklima auf Palmaria sorgt für eine üppige Vegetation: Aleppokiefer, Myrte, Erdbeerbaum, Hainbuche, Zistrose (resistent gegen Brände, die in der Vergangenheit immense Schäden anrichteten), Steineiche, Wilder Spargel, Kapernstrauch, Raute, Thymian, Olivenbaum. Auf einer etwa sechs Kilometer langen Rundstrecke kann man in weniger als drei Stunden einmal um die ganze Insel herum laufen. Der Weg durch die wilde Schönheit der unberührten Natur ist unbedingt zu empfehlen.

Auch Tino setzt der rauen Kraft des offenen Meeres auf seiner Westseite turmhohe weiße Felswände entgegen; abseits der Touristenströme konnte sich hier eine Flora mit erstaunlicher Artenvielfalt entwickeln.

Mitten in dieser Idylle liegen die Ruinen der Abtei San Venerio, die im 11. Jahrhundert auf den Überresten eines Vorgängerbaus aus dem 7. Jahrhundert errichtet wurde. Weil das Kloster immer wieder durch Überfälle der Sarazenen bedroht war, verlegten die Möche Anfang des 15. Jahrhundert ihren Sitz aufs Festland, nach Le Grazie.

Eine unsichtbare Felsenkette verbindet Tino mit Tinetto, dem Inselchen, auf dem vermutlich ein Frauenorden, der zeitgleich mit dem von San Venerio existierte, seine Spuren hinterlassen hat.

Bocca di Magra

Provinz La Spezia erinnert auch hier der Ortsname Cafaggio an den Durchmarsch von Rotaris Langobarden im Jahr 643. Der Aufstieg zum Monte Caprione gibt immer wieder den Blick auf den Fluss, die Felder in der Ebene, die Colli di Luni und den Apennin frei, hinter dem sich die Gipfel der Apuanischen Alpen abzeichnen. In diesem Gebiet werden mehr Oliven als Reben angebaut. Fast alle Bauern produzieren ein wenig Öl, auch wenn es höchstens in kleinen Mengen vertrieben wird. Direkt aus dem Fass abgefüllt, ist es eher ein persönliches Geschenk für Freunde als eine Handelsware.

Wenn Sie also Öl oder Wein aus der Gegend probieren möchten, müssen Sie bei einem der kleinen Betriebe in der Umgebung anklopfen. Für Eingemachtes fahren Sie hingegen am besten nach Ameglia hinab, zu Angelo Paracucchis berühmter Locanda dell'Angelo, wo Sie eine reichhaltige Auswahl an Saucen und Marmeladen finden, alle ohne Konservierungsmittel und aus erstklassigen Zutaten hergestellt.

Am Kap von Montemarcello kann man schöne Spaziergänge unternehmen, nicht nur ins Landesinnere, sondern auch auf dem Hang, der direkt über dem Meer aufragt; nur wenige

Castelnuovo Magra

Weinerzeuger

Giacomelli
via Palvotrisia, 134
Tel. 0187 674155
e-mail: giacomelli71@libero.it

Il Torchio
via Provinciale, 202
Tel. 0187 674075

Ottaviano Lambruschi
via Olmarello, 28
Tel. 0187 674261
E-Mail: ottavianolambruschi@libero.it

Ortonovo

29 km von La Spezia
Einwohner 8417
Höhe 2–698 m ü. d. M.
PLZ 19034

Informationen

Municipio
via Castagno, 61
Tel. 0187 690111

Museum

Museo Archeologico Nazionale Lunense
località Luni Scavi
Tel. 0187 66811
Öffnungszeiten: im Sommer
9–12 und 15–19 Uhr; im
Winter 9–12 und 14–17 Uhr.
Montags geschlossen.

Restaurants

Cervia
località Nicola
piazza della Chiesa, 19
Tel. 0187 660491
Montags geschlossen.

Da Fiorella
località Nicola
via Case Sparse, 5
Tel. 0187 66857
Donnerstags geschlossen.

Eine Kleinigkeit zu essen

Enoteca Il Profeta
località Isola

Einkaufen

Brot und Focaccia

Panificio Da Cudì
località Isola
via Gaggio, 48

Liköre

Liquoreria Mediterranea
via Firenze, 27

Weinerzeuger

La Pietra del Focolare
via Dogana, 209
Tel. 0187 662129

wagen allerdings den steilen Abstieg bis ans Meer – die meisten lassen sich von Bocca di Magra und Fiumaretta mit Privatbooten dorthin schippern. Ist man einmal angekommen, erwarten einen einsame Strände und stille Buchten; das nur von Fischer- und Touristenbooten befahrene Meer ist von einem geradezu unglaublichen Kobaltblau.
Auf der Hauptverkehrsstraße sind es nur wenige Kilometer bis nach **Ameglia,** einem malerischen Städtchen mit einem auf dem Hügel dicht zusammengedrängten mittelalterlichen Kern und einem quirligen neuen Teil im Schwemmland des Magra. Der Fluss, die Apuanischen Alpen, Luni und Versilia sind nun näher als das Meer. Wir sind im Kerngebiet der Lunigiana, dessen Bewohner mit Geschichten von Galionsfiguren und Seefahrern nichts anfangen können und nichts mit Tramonti verbinden. Doch sie kennen tausend andere Geschichten und

Bocca di Magra

im Schatten der Hügel ist so mancher Schatz verborgen. Der Ort ist noch heute durch die mittelalterliche Bauweise geprägt: Die Häuser sind in konzentrischen Kreisen rings um die im 13. Jahrhundert errichtete Burg angeordnet, deren Rundturm ein Überbleibsel eines Vorgängerbaus aus dem Jahr 1000 ist. Der historische Ortskern bietet noch weitere Sehenswürdigkeiten, etwa die Pfarrkirche Santi Vincenzo e Anastasio aus dem 15. Jahrhundert, deren schönes Portal von Steinmetzen aus Carrara gestaltet wurde, und das Rathaus, ehemals Palazzo del Podestà, in dessen Nähe sich die Ruinen der Burg befinden.

Wenn man von Ameglia aus dem Lauf des Flusses folgt, kommt man nach **Bocca di Magra.** Die marmorweißen Gipfel der Apuanischen Alpen überragen die weite, vielgestaltige Landschaft an der Grenze zwischen Ligurien und der Toskana, zwischen dem Umland von

AULLA

33 km von Massa Carrara
Einwohner 10258
Höhe 64 m ü. d. M.
PLZ 54011

INFORMATIONEN

Municipio
piazza Gramsci, 16
Tel. 0187 4011

Sarzana und dem von Carrara, den wichtigsten Zentren der Lunigiana. Das prägende Element des Gebiets ist die Magra-Mündung; der unkontrollierte Aushub hat jedoch das Gleichgewicht zwischen Fluss und Meer verändert, sodass das Salzwasser weit in den Bereich des Süßwassers vordringt und man an einigen Stellen des Flusses durchaus Wolfsbarsche und Marmorbrassen an die Angel bekommt. Flussaufwärts kann man in Häfen, Molen und Docks an beiden Ufern bequem anlegen. Bocca di Magra war auch schon früher ein bekanntes Ferienziel und ein Treffpunkt für Intellektuelle wie Giulio Einaudi, Cesare Pavese, Elio Vittorini, Vittorio Sereni, Franco Fortini, Carlo Emilio Gadda, Salvatore Quasimodo, Eugenio Montale und Indro Montanelli.

Die südwestlich des Ortes entdeckten Überreste einer römischen Villa aus dem 1. Jahrhundert n. Chr. gaben Anlass zu der Vermutung, dass sich hier der Hafen von Luni befand. Beweisen lässt sich das jedoch nicht; der Transport der Carrara-Marmorblöcke über den Fluss hätte erhebliche Schwierigkeiten bereitet. Abgesehen von den geschichtlichen Reminiszenzen war von jeher die einzigartige Landschaft Grund genug für eine Reise nach Bocca di Magra – ganz zu schweigen von dem Fisch, der hier jeden Tag fangfrisch auf den Tisch kommt. Noch immer strahlt der Ort eine ganz besondere Ruhe aus. In den Restaurants werden al-

Bocca di Magra

lerdings neben Heuschreckenkrebsen, Meeräschen, Tintenfischen und Rochen auf Wunsch der Gäste auch exklusivere Delikatessen serviert – dabei spielt es keine Rolle, ob es sich um Zucht- oder Importware handelt.

Bocca di Magra und der Fluss werden von der Klosteranlage Santa Croce del Corvo beherrscht, bei deren Besichtigung man unweigerlich auf die Spuren von Dante stößt. Dass der Dichter sich 1306 im Magra-Tal aufhielt, ist belegt; im Zusammenhang mit dem Kloster gibt es jedoch eine besondere Anekdote: Dante soll nämlich einem Bruder des damaligen Benediktinerordens eine Handschrift seines *Inferno* anvertraut haben, das dieser an Uguccione della Faggiola weiterleiten sollte. In Santa Croce wird ein kostbares hölzernes Kruzifix aufbewahrt, dessen Schöpfer und Herkunft unbekannt sind, das jedoch byzantinischen Ursprungs sein könnte. Vor knapp 50 Jahren erwarben die Karmeliter das Kloster.

Direkt am Fluss lockt La Lucerna mit einer guten Auswahl an Fischgerichten, die »pur«, das heißt ohne Saucen und Tunken, zubereitet werden.

Zurück nach Lerici geht es zum Beispiel über **Romito Magra** (mit Anschluss an die Straße nach Sarzana) und **Pugliola,** wobei man einen Halt in **Solaro** einplanen sollte, um in der Pan-Enoteca Lanta mit einem Glas Wein oder Schnaps die Reise in gebührender Weise abzuschließen.

Ein kleiner Leitfaden

Der Duft der Stille

Die liebliche Landschaft mit den sanften Hügeln des unteren Tals und dem breiten Flusslauf bildet einen wirkungsvollen Gegensatz zu den schroffen Gipfeln der Berge, über deren Pässe man in die Toskana und die Emilia gelangt. Die Ruhe, die den Dingen und den Menschen innewohnt, die Stille der Wälder und der letzten, halb verlassenen Dörfer sind die typischste Eigenheit des größten Tals im kleinen Ligurien, dessen Berge normalerweise direkt aus dem Meer aufragen. Ein Fluss, der Vara, gibt dem Tal seinen Namen.

Der bedeutende Wasserlauf nimmt auf knapp 60 Kilometer Länge zahlreiche Zuflüsse auf und durchquert, bevor er unten bei Sarzana in den Magra mündet, dichte, nach Steinpilzen duftende Wälder. An seinen Ufern lauern Angler auf Beute; im und um das Wasser gibt es so viele interessante Pflanzen- und Tierarten, dass zum Schutz des Feuchtgebiets ein Park eingerichtet wurde, der zusammen mit dem biologischen Anbau die Gegend gleichsam zu einer ökologischen Enklave macht. Geographisch macht das Vara-Tal einen wichtigen Teil der Provinz aus: Es umfasst 15 von insgesamt 32 Gemeinden, oft winzige Verwaltungsbezirke, die jedoch allesamt auf eine äußerst geschichtsträchtige Vergangenheit zurückblicken. In Zignago (genauer gesagt im Gemeindeteil Novà) wurde zum Beispiel 1827 das erste Exemplar der Menhire gefunden, die heute die Besucher der Museen in La Spezia und Pontremoli beeindrucken. Ein anderer Ortsteil, Pieve, hatte schon im frühen Mittelalter ein imposantes Gotteshaus und zum Marienheiligtum in Dragnone sind am 8. September immer noch Scharen von Pilgern zu Fuß unterwegs.

Das Vara-Tal ist leicht zu erreichen (bis nach Brugnato führt sogar die Autobahn hindurch), obwohl es von einigen Gebirgsgipfeln umkränzt ist, darunter der 1640 Meter hohe Monte Gottero, von dem aus die Partisanen im Zweiten Weltkrieg so manchen Erfolg errangen. Die frische Luft und die Ruhe machen das malerische Tal zu einem attraktiven Ferienziel: Die wenig befahrenen Sträßchen sind ideal für Ausritte, Radtouren und Wanderungen durch die Wälder.

Die meisten Besucher wollen in die Cinque Terre oder zum Golf von La Spezia und sind hier nur auf der Durchfahrt; doch viele kehren nach einem Restaurantbesuch oder einem Spaziergang in diese beeindruckende Gegend zurück, auch wenn das Hotelangebot eher bescheiden ist. Das Tal hat jede Menge Sehenswürdigkeiten zu bieten. Römische Brücken, Kirchen, Abteien, Burgen und Festungen zeugen von einer bewegten Vergangenheit unter der Herrschaft der Estensi, der Fieschi, der Doria, der Bischöfe von Luni, der Malaspina und mancher anderer. In den teilweise harschen Auseinandersetzungen war die Bevölkerung immer darauf bedacht, ihre Würde zu bewahren. In vielen, auch kleinen Dörfern sind Häuser und bauliche Elemente – Bögen, Tore, Mauern – klar darauf ausgerichtet, Eindringlinge abzuwehren. Neben historischen Bauwerken findet man auf dem Land auch Schutzfi-

guren, die vor Unheil bewahren sollten (etwa im Ortsteil Groppo von Sesta Godano). Der obere Flusslauf ist mit seinen Stromschnellen ein Paradies für Kanufahrer. Aale, Forellen, Barben und Döbel wecken den Ehrgeiz der Angler. Auf den Wiesen künden Narzissen und Ginster vom nahenden Frühling. Die Küche ist ausgezeichnet und der ganze moderne Schnickschnack ist nichts gegen das in vielen Trattorien angebotene hausgemachte Brot, das mit Wurst und (nicht allzu reifem) Käse am besten schmeckt. In guten Erntejahren werden große Mengen von duftenden Steinpilzen getrocknet, die das ganze Jahr über für leckere Saucen verwendet werden.

In Varese Ligure bekommt man eine ganz besondere Spezialität:

süßes Kastanienmehl, aus dem Kuchen und Teigfladen zubereitet werden, aber auch Bandnudeln, die man mit Lauch und Pecorino anrichtet; Wildkräuter dienen als Füllung für deftige Ravioli, die mit Fleischragout auf der Karte stehen. Ein bevorzugtes Hauptgericht ist wie in ganz Ligurien Kaninchen in allen möglichen Varianten (gebraten, gefüllt, auf Jägerinart, mit Oliven). Probieren Sie das doch mal in einem Dorfgasthaus, vielleicht als Alternative zu Lamm.

DRITTE TOUR

Von La Spezia nach La Foce, Santo Stefano di Marinasco, Riccò del Golfo, Pignone, Borghetto di Vara, Carro und Brugnato

Ausgangs- und Zielpunkt: La Spezia
Kilometer: 50
Voraussichtliche Dauer: 1 Tag

Abseits des Weges: nach Sesta Godano und Varese Ligure, nach Zignago, Rocchetta di Vara und Casoni bis Calice al Cornoviglio

Das Vara-Tal

 Eine Beschreibung aller Ziele im *Val di Vara* würde angesichts der Vielfalt der dicht besiedelten Landschaft ein ganzes Buch füllen. Wir beschränken uns daher auf einige allgemeine Vorschläge; die Einzelheiten bleiben jedem selbst überlassen. Auch ein spontaner Ausflug kann jederzeit zu einer ausgedehnteren Reise werden. Anreize bietet diese Gegend jede Menge, sei es durch ihre Geschichte oder ihre Natur, die grünen Wälder, die kleinen Städte, die gute Küche oder die

La Foce

La Foce

(Gemeinde La Spezia)

Informationen

**APT Cinque Terre
e Golfo dei Poeti**
La Spezia – via Mazzini, 47
Tel. 0187 254311
Fax 0187 770908
www.aptcinqueterre.sp.it
E-Mail: info@aptcinqueterre.sp.it

**Ufficio Informazioni
e Accoglienza Turistica**
La Spezia – via Mazzini, 45
Tel. 0187 770900
Stazione Centrale FF.SS.
piazzale della Stazione, 1
Tel. und Fax 0187 718997

Übernachtung

Albergo Ristorante Schiffini
località Marinasco
via Montalbano, 69
Tel. 0187 701098
Fax 0187 709884

Restaurants

Osteria Paradiso
località Paradiso
via Parodi, 95
Tel. 0187 758044
Montagmittags und mittwochs
geschlossen.

Antica Hostaria Secondini
località Sarbia
via Montalbano, 84
Tel. 0187 701345
Mittwochs geschlossen.

V Km Stazione di Sosta
località La Foce
via Montalbano, 1
Tel. 0187 700130
Dienstags geschlossen.

Einkaufen

Focaccia

Panifici Casalini
via Genova alla Foce, 601

typisch ligurische Zurückhaltung ihrer Bewohner.
Ausgangspunkt ist das Zentrum von La Spezia, wo Sie auf die Strada Statale Richtung Genua fahren. Die wichtige Verkehrsader führt durch das Arbeiterviertel La Chiappa und dann mit Panoramablicken auf den Golf, den Hafen und die Stadt in Serpentinen nach **La Foce** hinauf. Am Pass angelangt, dürfen Sie sich eine kleine Kunstpause gönnen. Nach rechts in Richtung Sarzana und Follo ist es nicht weit bis zur Pieve di **Santo Stefano di Marinasco.** Die Zuständigkeit der 950 errichteten Kirche erstreckte sich zwischen dem 13. und dem 15. Jahrhundert über ein Gebiet, das von La Spezia bis Riomaggiore reichte. Trotz der baulichen Veränderungen im Lauf der Jahrhunderte hat sie nichts von ihrem Reiz eingebüßt, was nicht zuletzt der herrlichen Lage zu verdanken ist.

Ein Stück unterhalb liegt das Hotel und Restaurant Schiffini; der freundliche Empfang und die familiäre Atmosphäre machen es zu einem idealen »Basislager« für einen kürzeren Aufenthalt.

Auf dem Rückweg nach La Foce kann man links auf einer alten Militärstraße zu den Ausläufern des Monte Parodi vorstoßen, wo sich die Leute aus La Spezia im Frühling und Sommer gerne ergehen und die frische Luft des wunderbar erhaltenen Parks genießen. Von dort kommt man zu einem Trimm-dich-Pfad mit 15 Stationen und zu den Wegen, auf denen man

Pieve di Santo Stefano di Marinasco

sich Tramonti erwandern kann; unterwegs laden kleine Köstlichkeiten in der Osteria Paradiso zu einer Pause ein. Doch der Reiz der Natur sollte nicht die geschichtliche Bedeutung des Monte Parodi vergessen lassen. Auf diesen Hängen erhob sich einst die Burg von Carpena, vermutlich die Keimzelle der Stadt La Spezia. Im Ortsteil Paradiso trifft man auf die Ruinen der alten Kirche San Martino (an deren Stelle die »neue« in Biassa trat).

Und das Vara-Tal? Es beginnt mit **Riccò del Golfo** und dem *Val Graveglia.* Eine Brücke auf der leicht abfallenden Strecke hinter La Foce weckt leises Misstrauen. Aber keine Angst, es passiert nichts! Links geht es weiter nach Valdipino und Riccò; in der Nähe liegt **Ponzò;** der wie Carpena befestigte Ort war Pflichtstation für die Reisenden des Mittelalters. Links, nur einen Steinwurf entfernt, sind die Cinque Terre. Doch nichts weist darauf hin, dass das Meer so nah ist.

In Pian di Barca verlassen Sie die Strada Statale. Folgen Sie den Schildern nach Pignone, jedoch nicht ohne **Corvara** die Ehre erwiesen zu haben: Das Turmhaus mit dem Beinamen »la lumaca« (die Schnecke) ist eines der wenigen Zeugnisse einer bewegten Vergangenheit.

Corvara

Alte Gasthäuser in La Foce

An der alten Straße von La Spezia nach Genua gab es einst Gasthäuser für Reisende und ihre Pferde. Was konnte man dort nicht alles erleben in Zeiten, in denen die Menschen lange unterwegs waren und oft Rast einlegen mussten, um von einem Ort zum anderen zu kommen. Es waren einfache Poststationen, die auch außerhalb der normalen Essenszeiten eine feste Auswahl an Speisen boten. Es gab viele Tische, wo sich im Mai saftiger Käse und Berge von Bohnen auf den Tellern türmten. Der Wein war recht herb, doch er machte lustig und wurde ständig nachgeschenkt. An Sommerabenden und sonntags kam man von der Stadt hier herauf, um sich an guter Hausmannskost zu laben: Bandnudeln mit Pilzen oder mit Pesto, *mesciua*, Gemüsekuchen, Kohlrouladen mit Sauce, Minestrone mit Pesto, Schnecken, getrüffelte oder gebratene Pilze, Kaninchen (mit Oliven und Pinienkernen, gebraten, gefüllt), Klipp- und Stockfisch mit Polenta, Muscheln (auf Seemannsart oder gefüllt). Frittierter oder marinierter Klippfisch war ein Klassiker. Freitags gab es fast nur Fisch, je nach Marktangebot hauptsächlich Meerbarben und Sardellen. Den Abschluss machten salzige Mürbeteigkuchen oder Reiskuchen mit Pudding. Leider ist von all dem wenig geblieben – weder in der Küche noch in der Landschaft: Einige der traditionellen Gasthäuser wurden zu x-beliebigen, anonymen Lokalen, eines ist jetzt eine Pizzeria. Nur ein paar alte Männer, die nach wie vor zum Kartenspielen kommen, erinnern daran, dass dies bis in die 70er-Jahre die einzige Straße nach Genua war, die Autos, Lastwagen, Motorräder und die Karawane des Giro d'Italia erklommen.

PIGNONE

18 km von La Spezia
Einwohner 650
Höhe 189 m ü. d. M.
PLZ 19020

INFORMATIONEN

Municipio
via Battaglione Pontremolese, 2
Tel. 0187 887812
und 0187 887002

CARRO

43 km vonn La Spezia
Einwohner 645
Höhe 450 m ü. d. M.
PLZ 19012

INFORMATIONEN

Municipio
via Marconi, 12
Tel. 0187 861005

MUSEUM

Museo Mineralogico
della Val di Vara
Palazzo Comunale
Tel. 0187 861005

ROCCHETTA DI VARA

30 km von La Spezia
Einwohner 856
Höhe 220 m ü. d. M.
PLZ 19020

INFORMATIONEN

Municipio
piazza Marconi, 17
Tel. 0187 868752

Ein Dokumentarist dieser Gegend ist Gino Bellani: Als Maler mit einem feinen Gespür für Farben und Meister der zeitgenössischen italienischen Kunst hat er dies alles – Wiesen, Häuser, Flüsse – in vielen seiner Werke festgehalten.

Pignone wurde wahrscheinlich schon in vorrömischer Zeit gegründet. Sicher ist, dass es die Heimat einer sehr alten Kultur war. Nach dem Durchmarsch von Rotari und den Langobarden 643 wurde die Kirche ein Fixpunkt für die Bevölkerung der gesamten Umgebung, einschließlich der Cinque Terre. Sogar Kaiser Heinrich VII. machte auf seinem Weg von Genua in die Toskana 1313 hier Halt. Unverzichtbare Fotomotive sind das römische Aquädukt, eine Brücke und die großartige Loggia; sie alle sind Beweise für die herausragende Rolle, die Stein als Baumaterial im Vara-Tal spielte.

Als Nächstes steuern Sie **Borghetto di Vara** an: eine gewundene Straße, auf der man we-

Oben: Borghetto di Vara

nigen Autos und vielen Radfahrern, Profis und Amateuren, begegnet. In einigen Höhlen in der Umgebung von Cassana wurden prähistorische Knochen gefunden.

Die Landschaft verändert sich merklich und Sie lernen ganz neue Seiten des Vara-Tals kennen. Borghetto bietet im Übrigen viele Möglichkeiten zur Weiterreise: Die Strada Statale Aurelia führt zum Bracco-Pass und weiter nach Sestri Levante. Davor befindet sich die Abzweigung zum Santuario di Roverano, praktisch in Sichtweite des Ortes Carrodano (mit dem Anschluss an die Autobahn Genua-Livorno). Die Natur ist hier überaus interessant, vor allem wegen der seltenen Pflanzenarten, die entlang der Flüsse anzutreffen sind. Ein Regionalpark schützt die einzigartige Flora und Fauna dieser Gegend, die letzten rosa Stelzvögel, die bedrohten Flusskrebse und die dichte Ufervegetation, in der sich häufig Wildschweine verstecken.

Unten: Santuario di Roverano in Borghetto di Vara

Eine Küche im Grenzgebiet

Da das Vara-Tal die wichtigste Verbindung zwischen der Riviera di Levante, der Provinz Genua, der Toskana und der Emilia ist, haben sich alle diese Gegenden in den hiesigen Küchentraditionen verewigt. So erinnern die *croxetti* aus Varese Ligure, das bis 1923 zur Provinz Genua gehörte, deutlich an die Genueser *corzetti*.

Heute gibt es zwei Varianten dieser Nudelart, die auch industriell hergestellt wird und ursprünglich aus dem Val Polcevera stammt. Für die gängigste Form nimmt man mit den Fingern erbsengroße Stücke vom Teig ab und drückt sie zwischen Daumen und Zeigefinger zu einer flachen Acht.

In Varese Ligure praktiziert man hingegen noch die traditionelle Methode: Aus dem Teig werden Kreise mit 5 bis 6 Zentimeter Durchmesser ausgestochen, in die mit einer Art Stempel ein Muster gedrückt wird. Jedes Adelshaus hatte sein eigenes Muster, meist das Familienwappen. Ein Gesetz machte dies auch für Nudelhersteller zur Pflicht, damit man bei verdorbener Ware den Urheber feststellen konnte.

Die gestempelten und getrockneten *croxetti* werden in Salzwasser gekocht und mit den typisch ligurischen Saucen aus (Schweine-) Fleisch oder Pilzen (die es im Vara-Tal besonders häufig gibt) angerichtet; genauso lecker schmecken sie mit Pesto.

Im oberen Vara-Tal sollten Sie unbedingt den Schwestern des Klosters in San Filippo Neri einen Besuch abstatten, die ein in der Gegend einzigartiges Küchengeheimnis hüten. Das Leben in Klausur fördert bekanntlich Versenkung und Askese, doch häufig entsprangen den Pausen zwischen einer Fastenzeit und der nächsten auch besondere Rezepte, die sich dann einbürgerten. Kaum ein Kloster, das seinen Gästen nicht einen selbst gebrauten Bitter oder Kräuterlikör anböte; diverse Elixiere (aber auch Wein und Bier) mit verheißungsvollen Klosternamen sind sogar bis in die Regale der Supermärkte vorgedrungen.

Die Spezialität der erwähnten Schwestern sind Trockenpilze, die seit Hunderten von Jahren über die Grenzen von Italien hinaus berühmt sind. Selbst der große Komponist Rossini, ein Gourmet und erklärter Liebhaber von getrockneten Pilzen, ließ sie sich regelmäßig nach Paris schicken und nannte sie in einem Atemzug mit Trüffeln und Foie gras. 1884 erhielten die Nonnen aus Varese Ligure auf der Turiner Messe die Silbermedaille für ihre »perfekt getrockneten Pilze, die beim Kochen ihren vorzüglichen Geschmack bewahren«.

Berühmt sind die Schwestern außerdem für ihre *sciuette*, Mandelgebäck, meist in Blütenform, dessen Rezept allen Nachahmungsversuchen zum Trotz immer noch absolut geheim ist. Vielleicht brauchte es dazu Meditation und Gebete. Und wahrscheinlich war auch Geduld vonnöten. Die kunstfertigen Nonnenhände formten *sciuette*, die unvergleichlich zart und luftig waren. Wer das Glück hatte, sie zu kosten, erinnert sich ihrer mit Wehmut. Die Produktion wurde eingestellt, als ein Gesetz den Schwestern Kassenbons und ordentliche Buchhaltung vorschrieb. Vielleicht backen sie ja noch hin und wieder ein Blech voll für die Engel.

Sesta Godano, Groppo

Abseits des Weges

Sesta Godano und Varese Ligure

Ausgangspunkt: Brugnato
Zielpunkt: Varese Ligure
Wegstrecke: 32 Kilometer
Voraussichtliche Dauer: 1 Tag

 *Von Brugnato (Ausfahrt von der A12 Genua-Livorno) folgen Sie der Strada Statale in Richtung Sesta Godano und Passo delle Cento Croci.*
Sesta Godano *besteht aus 13 Ortsteilen, von denen jeder eine eigene Geschichte und Identität besitzt. Die beiden größten – Sesta und Godano – geben der Gemeinde ihren Namen. Sesta ist bereits auf Karten des 11. Jahrhunderts erwähnt; in Godano bewachte eine Burg den Weg (über den Rastello-Pass) in die toskanische Lunigiana. Spuren der Vergangenheit finden sich in Cornice, Mangia, Rio und besonders in Groppo, einer Siedlung mit ovalem Grundriss (sowie einem befestigten Haus und Schutzfiguren zur Abwehr von Unheil). Airola hat in Sichtweite des Monte Gottero eine Wallfahrtskirche aus dem 15. Jahrhundert. Zu der Diaspora aus Hügeln und Steinhäusern gehören auch Chiusola und Ornetta sowie Scogna auf der anderen Seite.*
Die Strada Statale nach **Varese Ligure** *verläuft gut ausgebaut mitten durchs Grüne. Der erste Vorposten ist San Pietro Vara, ein Zentrum für Landwirtschaft und Viehzucht. Die Kirche birgt ein schönes dreiflügeliges Altarbild, das dem ligurischen Maler Luca Cambiaso (16. Jahrhundert) zugeschrieben wird und auf*

dem die Heiligen Petrus, Paulus und Johannes der Täufer dargestellt sind. Von San Pietro Vara kann man Abstecher nach Tavarone oder nach Cembrano und Ossegna unternehmen; man gelangt nach Maissana und zur Grenze bei Chiavari. Diese Gegenden stehen seit einigen Jahren bei den Genuesern als Sommerfrische hoch im Kurs. Kurz vor Varese sehen Sie rechts den Eingang zur Genossenschaft, die hervorragenden Käse erzeugt (auch in den Geschäften im Ort zu erstehen). Varese ist eine Art natürliche Hauptstadt des oberen Vara-Tals, einerseits wegen seiner langen Geschichte (bereits 1031 urkundlich erwähnt), andererseits weil dort schon immer ein reger Handel mit Produkten jeder Art stattfand: Wolle, Leder, Wurst, Käse, Mehl, Holz sowie Werkzeug, das die Einheimischen und die Nachbarn aus der Emilia und der Provinz Genua brauchten. Das Symbol der herrschaftlichen Vergangenheit von Varese ist die Burg der Fieschi mit dem Piccinino-Turm, der über dem so genannten Runden Dorf und der Piazza mit dem beeindruckenden Laubengang (14. Jahrhundert) emporragt.

Hinter Carrodano und Mattarana geht es von der Strada Aurelia ab nach **Carro,** mitten hinein ins obere Vara-Tal. Im Rathaus ist ein mineralogisches Museum untergebracht. Im Ortsteil Castello haben die Herrscher aus Genua deutliche Spuren hinterlassen. Die wilde Natur zwingt die Straße zu zahlreichen Kurven.

Theoretisch könnte man von Carro aus weiter nach Maissana und Varese Ligure fahren. Aber vielleicht sollten Sie erstmal einen Blick auf die Uhr werfen und sich überlegen, wie es bei all der frischen Luft mit Ihrem Hunger aussieht. Gegebenenfalls könnten Sie nämlich in Cornice in der Taverna dei Golosi einkehren. Folgen Sie in Carro den Schildern zur Strada Statale nach Varese Ligure und Brugnato. Biegen Sie dort rechts in Richtung Piano d'Isola und Cornice ab.

Brugnato

Gegenüber der Festung macht die Barockkirche Santi Teresa d'Avila e Filippo Neri mit ihren zwei Glockentürmen auf sich aufmerksam (im Innern sind Chor, Orgel und Gemälde von einigem Interesse). Eine Besichtigung der Kirche San Giovanni Battista lohnt wegen ihrer Kunstwerke.

Dienstags kann man auf dem Markt unter anderem Trockenpilze, süßes Kastanienmehl, Käse und Wurst erstehen. Ein Spaziergang durch den alten Ortskern lässt keinen Zweifel an seiner Vergangenheit als Schäfer- und Bauerndorf. Eine überzeugende Kostprobe der Küche des Vara-Tals liefert das Restaurant im Hotel Gli Amici (bestellen Sie die frittierten crocchini *oder die vorzügliche Forelle vom Grill).*

Für einen näheren Einblick in die Kultur dieser Gegend können Sie mit Don Sandro Lagomarsini einen Besuch des Museums in Càssego vereinbaren (hinter Scurtabò an der Straße zum Passo del Bocco). Oder Sie planen einen Ausflug zum Passo delle Cento Croci ein (und zweigen Sie, wenn Sie Lust haben, nach den ersten paar Kehren zum einsamen Taglieto-Tal ab).

DIE MENHIRE

Die Museen Formentini im Castello di San Giorgio und im Castello del Piagnaro in Pontremoli sind berühmt für ihre Menhire aus der Lunigiana, eines der faszinierendsten Geheimnisse unserer Vorgeschichte. Eine wissenschaftliche Erklärung dieser kulturellen Blütezeit steht noch aus, doch ein Vergleich mit ähnlichen Phänomenen in anderen Gegenden Europas lässt so manche Vermutungen zu.

Gegen Ende des dritten Jahrtausends vor Christus wurden in Europa erstmals Monumente aus Stein errichtet. Die seltsamen Skulpturen standen einzeln oder in Gruppen an den unterschiedlichsten Orten, die aufgrund der landschaftlichen Veränderungen heute sehr schwer auffindbar sind. Diese außergewöhnlichen Megalithen sind unter Bezeichnungen bretonischen Ursprungs in die Geschichte eingegangen (die Bretagne verfügt über die aufsehenerregendsten Kulturdenkmäler dieser Art): Man spricht von »Dolmen«, wenn senkrecht aufgestellte Steine mit Platten abgedeckt sind, und von »Menhiren«, wenn es sich um einen einzelnen Stein handelt (das keltische *men* bedeutet »Stein«).

Menschliche Steinfiguren gibt es in verschiedenen europäischen Ländern und einigen Regionen Italiens, doch die Menge und Vielfalt der Exemplare aus der Lunigiana sind einmalig. Besonders bemerkenswert erscheint ihre große Dichte in einem relativ begrenzten Gebiet (fast alle Menhire wurden in der Provinz Massa-Carrara gefunden), wobei vermutlich immer noch viele in Wäldern verborgen oder als Stützbalken und Füllmaterial in alte Häuser eingemauert sind. Hin und wieder wird einer entdeckt. Welche Bedeutung haben diese Menhire? Sie stellen allesamt Menschen dar, Männer oder Frauen; manche sind mit einer Axt, einem Messer oder beidem bewaffnet. Die fast serienmäßige Wiederkehr bestimmter Details deutet darauf hin, dass es heilige, symbolische Bilder mit religiöser oder totenkultischer Funktion sind. Megalithische »Heiligenbilder« also, die in jedem Fall vom Ausdrucksbedürfnis einer hoch entwickelten Kultur zeugen. Mit den Werkzeugen jener Zeit einen Stein zu behauen und zu glätten, dürfte kein leichtes Unterfangen gewesen sein. Es setzte einen starken persönlichen Antrieb und eine enorme gesellschaftliche Bedeutung der Menhirfiguren voraus. Die Funde – der erste wurde 1827 in Zignago im Vara-Tal gemacht – wurden bisher, vor allem nach der Kopfform und dem Übergang zwischen Kopf und Rumpf, drei Typen zugeordnet; erhebliche Abweichungen ergeben sich aus dem zeitlichen Abstand (teilweise mehrere 100 Jahre) zwischen einem Monolithen und dem nächsten: Das Spektrum reicht von grob behauenen Blöcken bis zu detailgetreuen und künstlerisch ausgereiften Darstellungen. Zwei Menhire förderte 1886 der Wissenschaftler Giovanni Capellini aus La Spezia während der Bauarbeiten am Arsenale aus einer Tiefe von zehn Metern unter dem derzeitigen Meeresspiegel zutage.

Bis dato wurden rund 60 solcher Steinfiguren entdeckt, ohne Zweifel ein Kulturgut von höchstem anthropologischen und historischen Interesse.

Zignago

Von Carrodano aus ist Cornice nicht schwer zu finden: Die Abzweigung liegt ein wenig versteckt (plötzliche Linkskurve), wenn man von Brugnato kommt. Die asphaltierte Strecke führt mit leichtem Gefälle durch einen sattgrünen Wald. In der Nähe fließt das Flüsschen Mangia.

Brugnato, das ungewöhnlicherweise in der Ebene entstand, wurde am 11. April 999 per kaiserlichen Erlass zur Stadt erhoben. Es wurde Sitz einer Abtei und Bistum. Die den Heiligen Petrus, Laurentius und Columban geweihte Pfarrkirche ist weitgehend romanisch geprägt. Sie wurde im 11. Jahrhundert als Teil eines Benediktinerklosters errichtet; an der gleichen Stelle hatte sich jedoch bereits ein älterer Bau befunden, dessen sehr interessante Überreste jüngst durchgeführte Ausgra-

ZIGNAGO

35 km von La Spezia
Einwohner 539
Höhe 172–1093 m ü. d. M.
PLZ 19020

INFORMATIONEN

Municipio
località Pieve
piazza IV Novembre
Tel. 0187 865075
und 0187 865267

Abseits des Weges

Von Zignago nach Calice al Cornoviglio

Ausgangspunkt: Brugnato
Zielpunkt: Calice al Cornoviglio
Wegstrecke: 30 Kilometer
Voraussichtliche Dauer: 1 Tag

 *Sie verlassen Brugnato in Richtung Rocchetta di Vara, in dessen Umland gleich zwei Flüsschen fließen: der forellenreiche Veppo und der Suvero. An diesen beiden Wasserläufen soll etwa Ende des*

Brugnato

27 km von La Spezia
Einwohner 1191
Höhe 115 m ü. d. M.
PLZ 19020

Informationen

Municipio
piazza del Municipio, 1
Tel. 0187 894110
und 0187 897098

Comunità Montana
Media e Bassa Val di Vara
via San Lazzaro, 2 bis
Tel. 0187 896526

Beverino

19 km von La Spezia
Einwohner 2217
Höhe 47–812 m ü. d. M.
PLZ 19020

Informationen

Municipio
via Aurelia Nord, 1
Tel. 0187 883026

Comunità Montana
Media e Bassa Val di Vara
località Padivarma
via Aurelia Nord, 1
Tel. 0187 883181

Follo

10 km von La Spezia
Einwohner 5707
Höhe 25–610 m ü. d. M.
PLZ 19020

Informationen

Municipio
piazza Matteotti
Tel. 0187 599911

Castello Malaspina in Calice al Cornoviglio

dritten Jahrtausends vor Christus (also in der Bronzezeit)
eine Kultur entstanden sein, aus der dann wahrscheinlich auch
Zignago hervorging, das im 13. Jahrhundert zum ersten Mal
urkundlich erwähnt wird und heute aus den Ortsteilen Pieve,
Vezzola, Serò, Sassetta, Imara, Valgiuncata und Torpiana besteht.
Im Rathaus in Pieve kann man sich über Einzelheiten zu den
Ausgrabungsfunden aus der Gegend informieren. Von Pieve aus
gelangt man zum Santuario Mariano del Dragnone, dem Marienheiligtum, zu dem jedes Jahr am 8. September Scharen von Pilgern wandern.

Von **Rocchetta** ist es ein Katzensprung nach **Suvero.** Als Erstes
schiebt sich die wuchtige Burg der Malaspina ins Bild, der mächtigen Adelsfamilie aus der nahen toskanischen Lunigiana. Ein
angenehm schattiger und kühler Pinienwald erstreckt sich über
eine Fläche von 150 Hektar.

Wer die etwas holprige Straße nach Casoni in Kauf nimmt,
wird mit einem grandiosen Naturschauspiel belohnt: Dort ist
nämlich die Auffahrt zur Hochstraße der Ligurischen Berge,
die von Ceparana (Teil der Gemeinde Bolano südlich des Vara-
Tals, wo der gleichnamige Fluss in den Magra mündet) auf einer
Strecke von über 400 Kilometern teils auf dem Kamm, teils auf
halber Höhe bis nach Ventimiglia und zu den Seealpen führt.
Von Casoni ist es nicht weit nach Montereggio in der Toskana,
Heimat der Buchhändler und der Nudelspezialität testaroli.
Doch unser Ziel ist **Calice al Cornoviglio;** der dicke Turm, der
aus der Mitte der mächtigen Burg aufragt, flößte sogar den Ge-
nueser Truppen Respekt ein (Besichtigungstermine im Rathaus
erfragen, Tel. 0187 936309). Ein Stück weiter liegen hoch auf
einem einsamen Hügel die Ruinen des Kastells von Madrignano.
Zurück nach La Spezia geht es entweder von Piana Battolla
(Gemeinde Follo) oder von Ceparana aus.

Maissana

61 km von La Spezia
Einwohner 673
Höhe 575 m ü. d. M.
PLZ 19010

Informationen

Municipio
Tel. 0187 845617

Sesta Godano

38 km von La Spezia
Einwohner 1547
Höhe 122–1639 m ü. d. M.
PLZ 19020

Informationen

Municipio
piazza Marconi, 1
Tel. 0187 891525

**Comunità Montana
Alta Val di Vara**
piazza Marconi, 1
Tel. 0187 891140

Restaurant

La Taverna dei Golosi
frazione Cornice
via Giudefora, 13
Tel. 0187 897065
Montags geschlossen.

Varese Ligure

52 km von La Spezia
Einwohner 2390
Höhe 353 m ü. d. M.
PLZ 19028

Informationen

Municipio
via Municipio, 8
Tel. 0187 842114
und 0187 842505

**Ufficio Informazioni
e accoglienza turistica**
via Portici, 19

Museum

Museo Contadino
località Càssego
Tel. 0187 843005

bungen ans Licht brachten. Bemerkenswert ist der zweischiffige Grundriss mit zwei Absiden. Kennzeichnend für den Ort Brugnato sind die kleinen Plätze und Arkaden: Aus der Vogelperspektive betrachtet, weist es das gleiche zangenförmige Stadtbild auf wie Varese Ligure. Das Kloster San Colombano, die Bögen der römischen Brücke über den Vara und der historische Kern von Bozzolo (auf einem in der Ebene emporragenden Hügel) zeugen von der strategischen Bedeutung Brugnatos und dem ereignisreichen Lauf der Ge-

Die Kirche Santi Teresa d'Avila e Filippo Neri in Varese Ligure

Das Museo Contadino in Càssego

Die Gründung des Museo Contadino in Càssego ist Don Sandro Lagomarsini zu verdanken, dem Pfarrer des kleinen Ortsteils von Varese Ligure, mit dem Sie einen Besichtigungstermin vereinbaren können (Tel. 0187 843005). Die Idee zu einem Völkerkundemuseum hatte Lagomarsini Anfang der Siebzigerjahre, als niemand sonst über Sinn und Zweck eines solchen Museums nachdachte. Es war ein Projekt mit einer klaren sozialen Zielsetzung. Einige Zeit zuvor hatte der Pfarrer bereits eine Nachmittagsbetreuung für die Kinder der Bauern und Hirten aus den Tälern eingerichtet. Ein schwieriges Unterfangen, das auf viele Feindseligkeiten stieß.

Dank der bereitwilligen Unterstützung einiger Universitätsprofessoren, die einen speziellen Forschungsansatz entwickelten, konnten Arbeitsgeräte und Zeugnisse des bäuerlichen Lebens mit großer Sorgfalt zusammengetragen werden: Erinnerungen an die Vergangenheit, um Kenntnis über die Wurzeln der eigenen Identität zu erlangen und sie an künftige Generationen weiterzugeben. Das Museum wurde 1975 eröffnet.

Die Ausstellungsstücke dokumentieren das Leben und die Arbeit der Talbewohner: Da gibt es etwa eine Presse und Geräte für die Weinbereitung, aber auch die großen Baumstämme, mit denen der Apfelwein gepresst wurde, der eine viel größere Bedeutung hatte. Zur bäuerlichen Kultur gehörte der Weizenanbau, aber Hauptnahrungsmittel, vor allem im Winter, waren wie anderswo im Apennin Kastanien und Kastanienmehl. Letzteres – gegebenenfalls mit Weizenmehl vermischt – war und ist noch heute der Grundstoff für Brot, Tagliatelle und Focaccia. Dazu kommen die Milchverarbeitung (die für die Käseherstellung noch heute eine Rolle spielt) und das Maismehl, das mit Kohl zubereitet wird, sowie Hanf und Wolle (eine Zeit lang gab es sogar eine Spinnerei, die heute nicht mehr benutzt wird). Zu besichtigen sind Deichseln, Holz- und Tonformen, Kämme für die Beerenernte, Körbe, Geräte zum Trocknen, aber auch Harpunen (für den Süßwasserfischfang), Siebe, Sensen und Klingen jeder Form. Unverkennbare Spuren vieler einzelner menschlicher Schicksale.

Varese Ligure

Hotel mit Restaurant

Gli Amici
via Garibaldi, 80
Tel. 0187 842139
Mittwochs geschlossen;
im Sommer täglich geöffnet.

Einkaufen

Käse

Cooperativa Casearia Val di Vara
località Perazza
Tel. 0187 842108

Käse, Wurstwaren, Pilze und Feingebäck

Alimentari De Vincenzi
piazza Vittorio Emanuele, 55
Tel. 0187 842403

Macelleria Jhonny e Katiuscia
via Umberto I, 16
Tel. 0187 842155

---

schichte. Die kulinarische Spezialität der Stadt sind die *canestrelli,* eine Art Teigkringel mit Fenchelsamen.

Ein Blick auf die Uhr – vielleicht müssen Sie den direktesten Weg zurück nach La Spezia nehmen, der über die Autobahn führt. Wenn Sie es nicht eilig haben, können Sie noch einen Abstecher nach **Beverino,** etwas weiter unten im Tal und im Herzen des Naturparks, in Erwägung ziehen. Besondere Beachtung verdienen dort das Eingangstor in der Stadtmauer und die Häuser rund um die Kirche Santa Croce.

Für Sie ausgewählt

Ameglia

Besichtigungen

Botanischer Garten von Montemarcello
Ente Parco di
Montemarcello-Magra
Tel. 0187 691071
Fax 0187 606738
www.parks.it/parco.monte
marcello.magra/index.html
www.parcomagra.iclab.it
E-Mail: mcaleo@iclab.it
Der Park erstreckt sich über 3660 Hektar (16 Gemeinden) und hat neben der Natur – weitläufige Wälder, eine vielfältige mediterrane Pflanzenwelt und Feuchtbiotope, in denen zahlreiche Vögel nisten – auch jede Menge Kultur zu bieten.

Übernachtung

**Paracucchi
Locanda dell'Angelo**
località Marinella
viale XXV Aprile, 60
Tel. 0187 64391
Fax 0187 64393
3 Sterne, 36 Zimmer.
Parkplatz.
Preise: EZ € 46–83,
DZ € 99–130, inklusive Frühstück.
Alle Kreditkarten.
Im Januar geschlossen.
Das von dem Architekten Vico Magistretti entworfene Haus bietet seinen Gästen gemütliche Zimmer mit Standardausstattung, ein schönes Frühstück und eine verlockende Speiseauswahl.

Monastero Santa Croce
località Bocca di Magra
via Santa Croce, 30
Tel. 0187 60911
Fax 0187 6091333
www.paginegialle.it/santacroce
E-Mail: gicamia@tin.it
90 Zimmer.
Preise: € 39–47.
Ganzjährig geöffnet.
Einzelpersonen und Familien können sich hier für mindestens eine und höchstens drei Wochen einmieten. Von der Autobahnausfahrt Sarzana ist es leicht zu erreichen: Folgen Sie den Schildern nach Lerici, dann nach Bocca di Magra. Die Einzel-, Doppel- und Mehrbettzimmer haben alle ein eigenes Bad mit WC.

Restaurants

Ciccio
via Fabbricotti, 71
Tel. 0187 65568
Dienstags geschlossen.
Betriebsurlaub: die ersten 2 Wochen im November.
Gedecke: 180 plus 80 im Freien.
Preise: € 36–46 ohne Wein.
Alle Kreditkarten.
Ein Restaurant mit vielen Plätzen, auf dessen Weinkarte die besten Tropfen Italiens versammelt sind. Die Renner sind der in Salzkruste gegarte Fisch, der Langustensalat, die schwarzen Tagliolini mit Moschuskraken, der Wolfsbarsch nach Inselart und Fritto misto.

Dai Pironcelli
frazione Montemarcello
via delle Mura, 45
Tel. 0187 601252
Dienstags geschlossen.
Betriebsurlaub: Januar.
Gedecke: 30 plus 10 im Freien.
Preise: € 28–30 ohne Wein.
Keine Kreditkarten.
Montemarcello ist ein ungewöhnlich rechtwinkliger Ort auf einem Hügel mitten im Grün des gleichnamigen Naturparks. Im gemütlichen Ambiente der Trattoria verführen Fabrizio, Lorenzo und Stefania Sie zu einem exquisiten Mahl: warme Focaccia und Colonnata-Speck, Gemüsekuchen, Brotsalat mit Sardellen in der Saison. Als Primo Ricotta-Ravioli mit rotem Pesto und *lasagne bastarde* (mit Kastanienmehl) mit Pesto oder Tomaten. Bei den Hauptgerichten konkurrieren Kaninchen und Wildschwein mit frischem Fisch. Zum Abschluss hausgemachter Schokoladenkuchen und Halbgefrorenes. Viele Weine aus der Gegend und dem restlichen Italien.

La Lucerna
località Bocca di Magra
via Fabbricotti, 127
Tel. 0187 601206
Montagabends und dienstags geschlossen; im Sommer täglich geöffnet.
Betriebsurlaub: vom 15. Dezember bis 31. Januar.
Gedecke: 70 plus 80 im Freien.
Preise: € 34–37 ohne Wein.
Alle Kreditkarten.

In dem Lokal von Giuseppina Ferro, deren Familie für ihre Weine aus dem DOC-Bereich Colli di Luni berühmt ist, spielt der Fisch die Hauptrolle. Die Erfahrung von Carla Giannoni und die Qualität der Zutaten sind das Geheimnis von gefüllten Miesmuscheln, Sardinenrouladen, Klößchen mit Fischrogen, Fisch-Ravioli mit Meeressauce, geschmortem Rochen (kultverdächtig!), Fisch vom Grill, aus der Pfanne und aus dem Holzofen, sowie Moschuskraken. Neben eigenen Weinen einige andere, vor allem Piemonteser. Im Sommer lockt die große Terrasse am Fluss.

Locanda delle Tamerici
Fiumaretta
località La Sergiunca
via Litoranea, 106
Tel. 0187 64262
Fax 0187 64627
Dienstag- und mittwochmittags geschlossen.
Betriebsurlaub: zwischen Weihnachten und dem Dreikönigsfest sowie 1 Woche wechselnd im Jahr.
Gedecke: 40
Preise: € 57 ohne Wein.
Alle gängigen Kreditkarten.
E-Mail: locandadelletamerici@tin.it
Wo Ligurien auf die Toskana trifft und der Magra vor der Kulisse der Apuanischen Alpen ins Meer fließt, werden Sie in dem eleganten Lokal mit großen Fenstern von Bruna freundlich und professionell bedient. Mauro Ricciardi komponiert in der Küche aus den täglich frisch eingekauften Zutaten Jakobsmuscheln aus der Pfanne mit Kartoffel-Paprikacreme, gefüllte kleine Tintenfische aus dem Ofen, Pappardelle mit Seeteufel und Basilikum, Lasagnette aus dem Ofen mit einer Creme aus Heuschreckenkrebsen, Sardellen mit Fenchel, Zahnbrasse, Wolfsbarsch, Krustentiere (zum Teil roh als Vorspeise). Leckere Desserts und eine erlesene Auswahl an Weinen und Spirituosen. Wunderschöne Zimmer mit Blick aufs Meer.

Sport

Corte di Camisano
via Arena, 1
Tel. 0187 65712
Gut ausgestattetes Sportzentrum mit Reitbahn, Tennisplätzen (teilweise überdacht), zwei Schwimmbecken, Bar und Restaurant.

Arcola

Museum

Laboratorio d'Arte Contemporanea della Bassa Lunigiana
piazza 2 Giugno
Öffnungszeiten: montags bis freitags 8.30–12.30 und 14.30–18.30 Uhr.
Mitte Juni bis Mitte September geöffnet von montags bis samstags 8–13 Uhr.
An Feiertagen geschlossen.
Eintritt frei.

Weinerzeuger

Fattoria Il Chioso
località Baccano
Tel. 0187 986620
Der passionierte Weinkenner Graf Nino Picedi Benettini produziert mit jedem Jahrgang Qualitätsweine. Das Zugpferd ist und bleibt der in Duft und Geschmack intensive Vermentino Stemma aus dem DOC-Bereich Colli di Luni. Probieren sollte man auch den Ciliegiolo und die Rotweine aus ausländischen Rebsorten.

'r Mesueto
località Masignano, 61
Tel. 0187 987418
Die Reben stammen aus einem kleinen Tal zwischen dem Monte Masignano und dem Monte Misureto, dem Namensgeber der Kellerei. Der Vermentino ist typisch für das Herkunftsgebiet Colli di Luni: Er duftet nach Kräutern und Harz und ist angenehm zu trinken. Kosten Sie auch das Öl!

Spagnoli
località Masignano
Tel. 0187 987160
In Masignano, einer der Spitzenlagen im Gebiet der Gemeinde Arcola an der Grenze zu Vezzano Ligure, gibt es viele kleine Winzer. Einer der herausragendsten unter ihnen ist Andrea Spagnoli, der einen sehr guten Vermentino Colli di Luni erzeugt. Der Besuch der Kellerei muss telefonisch angekündigt werden. Übernachtungsmöglichkeiten im Agriturismo.

Bonassola

Übernachtung

Albergo delle Rose
via Garibaldi, 8
Tel. 0187 813713
Fax 0187 814268
E-Mail: albergodellerose@libero.it
3 Sterne, 27 Zimmer. Parkplatz.

Preise: EZ € 55, DZ € 103, inklusive Frühstück.
Alle Kreditkarten.
Renovierte Zimmer im Ortszentrum nicht weit vom Meer laden zu einem erholsamen Urlaub ein. Die Familie Bernardin führt das 3-Sterne-Hotel mit einem Restaurant, in dem 60 Gäste Platz finden. Die verschieden eingerichteten Zimmer (mal im Seemannsstil, mal mit grünem Interieur, mal rosa) sind komfortabel ausgestattet. Haustiere sind nicht erlaubt.

Villa Belvedere
via A. Serra, 33
Tel. und Fax 0187 813622
Drei Sterne, 24 Zimmer.
Parkplatz.
Preise: EZ € 42–57,
DZ € 73–83.
Alle Kreditkarten.
Von März bis Oktober geöffnet. Hotel in herrlicher Lage mit grandiosem Panorama. Ein zum Grundstück gehörender Park garantiert absolute Ruhe. Alle Zimmer sind mit Heizung, Bad und Telefon ausgestattet.

Villaggio Turistico La Francesca
località La Francesca
Tel. 0187 813911
4 Sterne, 55 Zimmer, aufgeteilt in 4 Kategorien (A, B, C, D).
Parkplatz in der Nähe.
Preise für 1 Woche:
A € 380–850; B € 425–960; C € 505–1230; D € 560–1350.
Mindestaufenthalt von 2 Wochen erforderlich; saisonabhängig auch Wochenendbuchungen möglich.
Alle Kreditkarten außer AE.
Ganzjährig geöffnet.
Das Feriendorf ist nach dem Maultierpfad benannt, der im Mittelalter von Portovenere nach Frankreich führte, und entstand in den 60er-Jahren in herrlicher Lage am Meer, mitten im Naturpark Bracco Mesco. Die Wohnungen sind jeweils für eine Familie komplett eingerichtet und verfügen über Kochnische, Bad mit Dusche, Föhn, Telefon, Tresor, Fernsehen (mit ausländischen Programmen) und Zentralheizung. Außerdem gibt es vor Ort ein Restaurant, eine Bar, einen Minimarkt, eine Bücherei, einen Swimmingpool, Tennisplätze, Fußball, Volleyball, Boccia, Bogenschießen, einen ganzjährig geöffneten Fitnessraum und ein Solarium.

CARRO

MUSEUM

Museo Mineralogico della Val di Vara
Palazzo Comunale
Tel. 0187 861005
Das Museum ist dem bedeutenden Mineralogen Paolo Onofrio Tiragallo gewidmet, der in Carro geboren wurde, und informiert umfassend über das Vara-Tal. Zur Besichtigung muss man sich im Rathaus anmelden.

CASTELNUOVO MAGRA

ÜBERNACHTUNG

Agriturismo La Cascina dei Peri
via Montefrancio, 71
Tel. 0187 674085
24 Betten in 7 Zimmern mit Bad/WC und 2 Mini-Appartements.
Preise: Halbpension € 46–60; Wohnmobilstellplätze € 5–13.
Kreditkarten: Visa, MC.
Ganzjährig geöffnet
In diesem Agriturismo fühlt man sich in eine idyllische Vergangenheit zurückversetzt: familiäre Atmosphäre, frei laufende Tiere, natürliche und – keineswegs selbstverständlich – gute Erzeugnisse. Kosten sollte man Wein (DOC Colli di Luni), Öl, Ziegenkäse und Entenbrust. Das Gelände auf einem Hügel in der Nähe von Castelnuovo Magra verfügt auch über Wohnmobilstellplätze mit Wasser-, Strom- und Abwasseranschluss.

RESTAURANTS

Al Castello da Marco
via Provinciale, 247
Tel. 0187 674214
Montags geschlossen.
Betriebsurlaub: 2 Wochen im Januar und 2 Wochen zwischen September und Oktober.
Gedecke: 60 plus 20 im Freien.
Preise: € 23–25 ohne Wein.
Keine Kreditkarten.
In dem Lokal mitten im Grün der Lunigiana mit herrlichem Blick auf das Magra-Tal bieten Nara Grassi und ihr Mann leckere Castelnoveser Spezialitäten wie ausgebackene Teigfladen *(panissa)*, Kräuterkuchen, gefülltes Gemüse, Röstbrot mit Leber oder – in der Saison – Pilzen. Zu empfehlen die klassischen Teigrauten *(testaroli)*, die *lasagne bastarde* mit Lauch und Speck, die mit Artischocken und Auberginen gefüllten Ravioli und im Winter die Polenta. Als Hauptgericht entbeinte und gebratene Taube, gefülltes Perlhuhn, Entenbrust mit Olivensauce, entbeintes und gefülltes Kaninchen

oder Kaninchenfrikassee. Zum süßen Abschluss Torrone-Parfait, Halbgefrorenes mit Torrone-Stücken oder Blätterteig mit Waldbeerfüllung und englischer Creme. Dazu die besten Tropfen aus der Gegend und einige andere italienische Weine. Die 20 Plätze im Freien sind in einer schönen Laube.

Da Armanda
piazza Garibaldi, 6
Tel. 0187 674410
Mittwochs geschlossen.
Betriebsurlaub: zwischen Weihnachten und dem Dreikönigsfest sowie zwischen Juni und Juli.
Gedecke: 30
Preise: € 30–32 ohne Wein.
Kreditkarten: CartaSi
In einer Gegend, die nach Ligurien riecht und nach Toskana schmeckt, kommt man an dieser Küche nicht vorbei. Armanda und ihre Schwiegertochter Luciana sind ein eingespieltes Team in der Zubereitung schmackhafter Speisen, die Valerio gewieft beschreibt und serviert. Man beginnt mit Colonnata-Speck, Gemüseauflauf, Klippfischkrapfen und Gemüsekuchen. Dann gefüllte Salatherzen in Brühe, *panigacci* (in der Form gebackene Teigfladen) mit Sugo bzw. Pesto oder Artischocken-Ravioli mit einer Paste aus Pinienkernen und Mandeln. Als Hauptgericht entbeintes und gefülltes Kaninchen, Schweinefleisch in Brotkruste oder Lamm aus dem Ofen. Zum Dessert Halbgefrorenes mit Torrone-Stücken, karamellisierte Birnen in Rotweinsauce und Reiskuchen. Erlesene Auswahl an Weinen und Schnäpsen.

Mulino del Cibus
frazione Canale
via Canale, 46
Tel. 0187 676102
Montags geschlossen.
Betriebsurlaub: April.
Gedecke: 40 plus 15 im Freien.
Preise: € 26–36 ohne Wein.
Kreditkarten: Visa, AE
Das Lokal wird von einem eingespielten Trio betrieben. Dank der geschickten Arbeitsteilung von Carlo, Giuliano und Giampaolo ist es zu einer bewährten Adresse für all diejenigen geworden, die eine dynamische Küche aus sorgfältig ausgewählten Zutaten schätzen. In gemütlichen Räumen oder, wenn das Wetter es erlaubt, an schönen Tischen im Freien kosten Sie, was die drei (beraten von Alessandra und unterstützt von Sabrina) zubereitet haben: zum Beispiel Dinkelauflauf mit Paprikasauce, Paprika mit Sardellen und Butter, Taglierini mit gratinierten Tomaten. Die ausgezeichnete Käse- und Wurstauswahl sollte man sich nicht entgehen lassen. Rund 600 Weine, eine eigene Karte für Schokolade und eine für Spirituosen.

Einkaufen

Wurstwaren

Antica Salumeria Macelleria Elena & Mirco
via Canale, 52
Tel. 0187 673510
Aus italienischen – meist emilianischen – Schweinen, die langsam auf ihre mindestens 200 Kilo Gewicht gebracht werden, damit sie in ausgewogenen Anteilen mageres und fettes Fleisch ansetzen, macht Mirco seine eigene Schinkenspezialität *prosciutto castelnovese*, Mortadella, Speckwürstchen, Bauchspeck und Schweinsfüße.

Weinerzeuger

Giacomelli
via Palvotrisia, 134
Tel. 0187 674155
E-Mail: giacomelli71@libero.it
Der talentierte junge Winzer Roberto Petacchi erzeugt mit einer klugen Bewirtschaftung von etwa fünf Hektar Rebland und einer geschickten Verarbeitung der Trauben sehr ordentlichen Vermentino Colli di Luni sowie einen leichten Rotwein mit frischem, fruchtigen Duft und einen Weißwein aus Albarola, Trebbiano und Vermentino. Außerdem werden nach traditioneller Methode geringe Mengen eines ausgezeichneten Extravergine-Olivenöls hergestellt.

Il Torchio
via Provinciale, 202
Tel. 0187 674075
Giorgio Tendola ist ein sympathischer, energischer Mensch, den kennen zu lernen genauso ein Erlebnis ist wie der Besuch dieser kleinen, gepflegten Kellerei, deren Weine, vor allem der Vermentino, nie enttäuschen. Zum Angebot gehören auch der weiße Di Giorgio und ein in 25-hl-Fässern ausgebauter Rotwein aus Sangiovese, Merlot und Syrah. Die Produktion umfasst insgesamt rund 40.000 Flaschen pro Jahr.

Ottaviano Lambruschi
via Olmarello, 28
Tel. 0187 674261
E-Mail: ottavianolambruschi@libero.it

Sieben Hektar Land sind der Turnierplatz, auf dem Ottaviano Lambruschi, Grand Old Man des Weinbaus an der Riviera del Levante, und Sohn Fabio täglich ihre Fähigkeiten unter Beweis stellen. Mit Engagement und Erfahrung pflegen sie ihre Rebstöcke in Costa Marina und Sarticola, zwei Spitzenlagen, in denen extraktreiche Trauben mit komplexen Dufteigenschaften reifen. Kosten Sie die gleichnamigen Vermentino-Auslesen!

CORNIGLIA

(Gemeinde Vernazza)

ÜBERNACHTUNG

Agriturismo Fabio Barrani
via Fieschi, 14
Tel. und Fax 0187 812063
10 Betten in 5 Zimmern (alle mit Bad/WC).
Parkplatz nicht in unmittelbarer Nähe.
Preise: € 57 (nur Halbpension).
Keine Kreditkarten.
Ganzjährig geöffnet.
Der landwirtschaftliche Familienbetrieb produziert alles, was in dieser Gegend Tradition hat: Wein, Öl, Gemüse, Eingemachtes und Eingelegtes, Geflügel. Das Meer ist zum Greifen nahe: Über eine Treppe erreicht man in wenigen Minuten den Hafen des an den Fels geklammerten Ortes. Ein Aufenthalt bietet Gelegenheit, den erlesenen Cinque Terre Sciacchetrà zu kosten, den Fabio in kleinen, aber feinen Mengen produziert.

Agriturismo La Rocca
via Fieschi, 222
Tel. 0187 812178
7 Betten, davon 4 in 2 DZ (mit gemeinsamem Bad/WC) und 3 in einer eigenen Wohnung (mit Bad/WC).
Preise: DZ € 46–67.
Keine Kreditkarten.
Ganzjährig geöffnet.
Der kleine Betrieb in Panoramalage über dem Meer bietet ausschließlich Übernachtungsmöglichkeiten. Produziert werden Wein, Öl und Gemüse. In der Nähe beginnen einige Wanderstrecken durch den Naturpark Cinque Terre.

RESTAURANTS

A Cantina de Mananan
via Fieschi, 117
Tel. 0187 821166
Dienstags geschlossen.
Betriebsurlaub: wechselnd.
Gedecke: 30
Preise: € 26–31 ohne Wein.
Keine Kreditkarten.
Das hübsche kleine Lokal mit schlichten weißen Marmortischen in einem der Gässchen preist seine Speisen auf einer Tafel und auf Karten aus Strohpapier an: Sardellen aus Monterosso in Salz mit Knoblauch und Petersilie, mariniert oder »alla Mananan« (mit frischen Zwiebeln mariniert), gemischte Meeresvorspeise, Muscheln auf Seemannsart, Wurst oder Gemüsekuchen. Auch bei den Primi geben sich Fisch, Fleisch und Gemüse ein Stelldichein: Spaghetti mit Miesmuscheln, Krebsen, Venusmuscheln und Algen, Tagliolini mit Ragout oder Pesto, Testaroli mit Pilzsauce und Teigdreiecke *(pansoti)* mit Nusssauce. Tagesfisch vom Grill, frittierte kleine Fische, Fischsuppe, Kaninchen mit Kräutern und Oliven als Hauptgericht. Zum Abschluss Käse oder hausgemachte Desserts. Dazu Hauswein und einige ordentliche Weine örtlicher Erzeuger.

EINKAUFEN

FEINKOST UND WEIN

Er Cantu
via Fieschi
Diese berühmte Feinkosthandlung verkauft Spezialitäten, zum Beispiel örtlichen Käse und Pesto nach Genueser Art.

FRAMURA

ÜBERNACHTUNG

Agriturismo Foce del Prato
località Foce del Prato, 2
Tel. 0187 810223
Betriebsurlaub: November.
8 Zimmer mit Bad/WC sowie 2 Zimmer mit Gemeinschaftsbad.
Preise: Übernachtung mit Frühstück € 28; Halbpension € 41; Vollpension € 52.
Keine Kreditkarten.
Dieser gastliche Agriturismo liegt am Rand des Naturparks Cinque Terre von duftenden Pinien umgeben etwa vier Kilometer vom Meer entfernt. Der Betrieb erzeugt Wein, Öl, Gemüse und Obst; außerdem werden Schafe, Ziegen und Geflügel gehalten.

Restaurant

Ristorante Silvia
località Costa, 1
Tel. 0187 810021
Donnerstags geschlossen.
Betriebsurlaub: zwischen
Oktober und November.
Gedecke: 60 plus 20 im Freien.
Preise: € 21–36.
Alle Kreditkarten.
Hauptthema Fisch: Zu empfehlen die Penne mit Scampi, die Pasta mit Venusmuscheln, Pinienkernen und Oliven sowie die Klößchen mit Pesto. Fisch gibt es aus dem Ofen, vom Grill oder auf ligurische Art. Gute Auswahl an Weinen aus der Gegend und dem In- und Ausland.

La Spezia

Museen

Für den Besuch der vielen Museen in La Spezia und Umgebung (inklusive Lerici) gibt es eine spezielle Karte, mit der man alle zu verbilligten Preisen besichtigen kann.

Museo Amedeo Lia
via Prione, 234
Tel. 0187 731100
Fax 0187 731408
www.castagna.it/mal
E-Mail: mal@castagna.it
Öffnungszeiten: dienstags bis sonntags 10–18 Uhr.
Montags geschlossen
(außer Ostermontag) sowie
am 1. Januar, 15. August und
25. Dezember.
Kostenpflichtiger Eintritt.
In dem von der Stadt restaurierten franziskanischen Kloster mit Kirche wurde 1996 das Museum mit Stücken aus dem Besitz des apulischen Sammlers Amedeo Lia und seiner Familie eingeweiht: zwischen dem 13. und dem 18. Jahrhundert entstandene Gemälde, Miniaturen aus Italien und anderen Ländern (13.–16. Jahrhundert) sowie antike, mittelalterliche und moderne Skulpturen und Objekte. Die 13 Säle auf drei Stockwerken sind alle so schön, dass das Museum als »der kleine Louvre von Ligurien« bezeichnet wird.

**Palazzina delle Arti
Lucio R. Rosaia
Museo del Sigillo**
via Prione, 236
Tel. 0187 778544
Fax 0187 731408
E-Mail: museodelsigillo@castagna.it
Öffnungszeiten: dienstags
16–19 Uhr, mittwochs bis sonntags 10–12 und 16–19 Uhr.
Montags geschlossen.
Kostenpflichtiger Eintritt.
In einem neogotischen Gebäude an der Via Prione wurde im Jahr 2000 nach 30 Jahren Vorbereitung in Zusammenarbeit mit renommierten Auktionshäusern und dank einer Schenkung des Ehepaars Euro und Lilian Capellini das Museum mit der umfassendsten Sammlung von Siegeln überhaupt eingerichtet.

Museo Tecnico Navale
Arsenale Militare
viale Amendola, 1
Tel. 0187 783016
Fax 0187 782908
Öffnungszeiten: im Winter werktags von 8.30–18, an Feiertagen von 10.15–15.45 Uhr; im Sommer werktags von 8.30–13 und 16.15–21.45 Uhr, an Feiertagen von 8.30–13.15 Uhr.
Kostenpflichtiger Eintritt.
Interessante geschichtliche Zeugnisse (Amphoren, Galionsfiguren, Schiffsmodelle, Geschütze, Torpedos, Schriftstücke, Technik- und Geschichtsbücher, Uniformen und Wappen) und künstlerische Exponate (Mosaike mit Seefahrern aus der Antike) sind die Etappen auf einer Reise durch die Geschichte der italienischen Marine. Das Museum wurde 1925 begründet. Eine eigene Abteilung ist Umberto Nobile und seinen Nordpolexpeditionen sowie den Experimenten von Guglielmo Marconi gewidmet.

**Museo del Castello
Collezioni archeologiche
Ubaldo Formentini**
Castello San Giorgio
via XXVII Marzo
Tel. 0187 751142
Öffnungszeiten: im Winter von 9.30–12.30 und 14–17 Uhr; im Sommer von 9.30–12.30 und 17–20 Uhr.
Dienstags geschlossen sowie am 24./25. Dezember und am 1. Januar.
Kostenpflichtiger Eintritt.
Eine weitere interessante Station auf der Kultur-Tour durch La Spezia. Zu den kostbarsten Ausstellungsstücken zählen die Menhirfiguren, von der Urbevölkerung der Lunigiana aus der Bronzezeit stammende Sandsteinskulpturen, die Männer, bewaffnete Krieger und Frauen mit außergewöhnlichen Amuletten um den Hals darstellen.

Museo Civico Etnografico Giovanni Podenzana
corso Cavour, 251
Tel. 0187 739537
Öffnungszeiten: montags bis samstags 8–13 Uhr.

Museo Nazionale dei Trasporti
via del Canaletto, 100
Tel. 0187 522511
Öffnungszeiten: nach Voranmeldung.
Eintritt frei.

ÜBERNACHTUNG

Hotel Genova
via Fratelli Rosselli, 84
Tel. 0187 732972
Fax 0187 732923
www.hotelgenova.it
E-Mail: hgenova@col.it
3 Sterne, 35 Zimmer.
Kostenpflichtiger Privatparkplatz.
Preise: EZ € 65, DZ € 100, inklusive Frühstück.
Alle Kreditkarten.
In der Weihnachtswoche geschlossen.
Das frisch renovierte Gebäude in einem Fußgängerbereich der Altstadt präsentiert sich gepflegt und elegant. Die nüchtern eingerichteten, aber komfortablen Zimmer haben Fernseher, Minibar, Telefon und Klimaanlage sowie natürlich ein eigenes Bad.

Hotel Ghironi
via Tino, 62
Tel. 0187 504141
Fax 0187 524724
www.call.it/aziende/ghironi
E-Mail: Ghironi@col.it
4 Sterne, 51 Zimmer.
Kostenpflichtige Garage, kostenloser Parkplatz im Freien.
Preise: EZ € 57–78,
DZ € 72–103.
Alle Kreditkarten.
Zwischen Dezember und Januar geschlossen.
Das »strategisch« günstig (nämlich nahe der Autobahnausfahrt) gelegene Hotel verfügt über perfekt ausgestattete, geräumige und gemütliche Zimmer mit Bad. Es ist mit antiken Möbeln eingerichtet; in der Halle prangen Perserteppiche.

Albergo Ristorante Schiffini
località Marinasco
via Montalbano, 69
Tel. 0187 701098
Fax 0187 709884
2 Sterne, 7 Zimmer.
Parkplatz.
Preise: EZ € 26; DZ € 62;
Halbpension € 42.
Alle Kreditkarten.
Ganzjährig geöffnet.
Das komfortable Hotel auf den Hügeln in der Nähe der Pieve di Marinasco mit Panoramablick auf den Golf und das Hinterland ist ein idealer Ort für die Reiseplanung. Im Restaurant (etwa € 26, dienstags geschlossen) bereitet Alessandro Schiffini gelungene Mischungen aus Tradition und Kreativität. Zum Beispiel: Kartoffelauflauf mit Sauermilch und Pesto, Sardellentörtchen, *crosetti* mit Pesto, Safran-Tagliolini mit Miesmuscheln, Fischeintopf *(buridda)*, gefüllten Lattich, Rinderfilet mit Gemüse. Dem Angebot entsprechen die Desserts und Weine; Letztere werden von der passionierten Weinkennerin Barbara ausgewählt, die auch für den Empfang und Service zuständig ist.

RESTAURANTS

Antica Hostaria Secondini
località Sarbia
via Montalbano, 84
Tel. 0187 701345
Mittwochs geschlossen.
Betriebsurlaub: September.
Gedecke: 50 plus 15 im Freien.
Preise: € 25–28.
Alle Kreditkarten.
Endrio und seine Frau Simona haben das von den Großeltern in den 80ern aufgegebene Lokal wiederbelebt. Neuer Wind, aber traditionelle Gerichte: Vorspeisen mit Wurst, Steinpilze in Öl, gegrilltes Gemüse, Reis- oder Gemüsekuchen. Im Anschluss sind Pansotti mit Nuss-Sugo oder mit Schweinefleisch und Mangold gefüllte Ravioli zu empfehlen. Als Hauptgericht im Winter hauptsächlich Wild, sonst Stockfisch und geschmorte Kutteln mit Kartoffeln, außerdem leckerer Kalbsbraten, gefüllte Miesmuscheln, frittierte oder im Ofen gegarte Sardellen mit Kartoffeln. Hausgemachte Desserts und annehmbarer Wein.

Aütedo
frazione Marola
via Fieschi, 138
Tel. 0187 736061
Montags geschlossen.
Betriebsurlaub: 15.–30. September.
Gedecke: 80 plus 80 im Freien.
Preise: € 18–26.
Keine Kreditkarten.
Der erfahrene Wirt Giorgio Angelini empfängt seine Gäste mit schmackhaften Gerichten, die sich an der traditionellen Fischküche La Spezias orientieren. Das täglich abhängig von der Ausbeute der Fischer zu-

sammengestellte Angebot umfasst unter anderem gehackten rohen Klippfisch mit Zwiebeln und Paprika *(stopeta)* sowie in Öl und Chili eingelegte Sardellen *(macheto)*. Die Miesmuscheln von den nahen Zuchtbänken gibt es frittiert, gefüllt oder mit Spaghetti. Zu empfehlen die verschiedenen Sardellengerichte. An Wein gibt es nur den offenen des Hauses. Im Sommer speist man in einer schönen Weinlaube.

V Km Stazione di Sosta
località La Foce
via Montalbano, 1
Tel. 0187 700130
Dienstags geschlossen; nur abends, an Feiertagen auch mittags geöffnet.
Betriebsurlaub: im Juli.
Gedecke: 60
Preise: € 35–40 ohne Wein.
Alle Kreditkarten.
Fischliebhaber können sich den Weg sparen: Hier gibt es keinen. Claudio Mazzoni hat das Fleisch zum alleinigen Herrscher erklärt und verlässt sich daher ganz auf Zutaten vom Land, die jedoch, dem Wechsel der Jahreszeiten folgend, äußerst gekonnt zusammengestellt werden. Zum Auftakt Kernschinken, Vorderschinken aus San Secondo und mindestens 30 Monate abgehangener Parma-Schinken (der allein schon die Reise lohnt). Dann gefüllte Nudeln, Klößchen mit Castelmagno-Käse und Artischockenherzen, Wild in verschiedenen Varianten, Florentiner Steak. Den Abschluss machen Apfelkuchen mit warmer Weinschaumcreme und Torrone-Halbgefrorenes auf Nugat. Die Karte bietet interessante, vor allem rote Weine.

Il Sogno di Angelo
via del Popolo, 39
Tel. 0187 514041
Sonntags geschlossen.
Betriebsurlaub: 1 Woche im Januar und 15 Tage im August.
Gedecke: 25
Preise: Degustationsmenü € 37–52; à la carte € 62.
Alle Kreditkarten.
Davide Raschi, der sich seine Sporen in Italien und im Ausland verdient hat, bereitet die interessanten Gerichte, die Marco Berrettieri Ihnen in diesem eleganten Lokal empfiehlt: *mesciua* mit Furchengarnelen, Fond aus Krustentieren mit ausgebackenem Lauch, Meerbarbenfilet in Blätterteig mit Taggia-Oliven, frittierte Teigfladen mit Pesto, Kartoffelklößchen mit Brokkoli und Rauen Venusmuscheln, pürierten Reis mit gekochten und rohen Artischocken, Majoran und (nur in der Saison) schwarzen Trüffeln aus Umbrien. Als Hauptgericht Krebse mit knusprigem Colonnata-Speck und Kichererbsenragout, gegrilltes Wolfsbarschsteak mit Thymian-Brokkolipüree, Taggia-Olivensauce und Venusmuscheln. Verlockende Desserts, darunter Fenchelsüppchen mit Mandarinensorbet. Umfassende Weinkarte und gute Auswahl an Spirituosen.

La Posta
via Don Minzoni, 24
Tel. 0187 734419
Dienstags geschlossen.
Betriebsurlaub: 15 Tage im August.
Gedecke: 65 plus 20 im Freien.
Preise: € 25–30 ohne Wein.
Alle Kreditkarten.
Das zentral gelegene Lokal bietet vor allem Fisch. Der Wirt Maurizio Palumbo, in der Küche unterstützt von Alessandro, achtet auf die Qualität der Zutaten und kauft hauptsächlich bei örtlichen Fischern. Je nach Tagesfang gibt es Carpaccio vom Wolfsbarsch oder Wolfsbarsch mit Mandeln, Scholle mit Scampi und Artischocken, Klöße mit Krebs oder gemischtes Frittiertes. Hausgemachte Desserts und ordentliche Weinauswahl.

Osteria Paradiso
località Paradiso
via Parodi, 95
Tel. 0187 758044
Montagmittags und mittwochs geschlossen.
Betriebsurlaub: Februar.
Gedecke: 35
Preise: € 20–22 ohne Wein.
Alle Kreditkarten außer AE.
Die Speisekarte des dynamischen Lokals ändert sich je nach Laune des Kochs und nach Marktangebot fast täglich. Die Küche ist offen für Neuerungen und orientiert sich gerne an Traditionen anderer Regionen. In herrlicher Panoramalage genießen Sie Maismehlfladen mit frischen Tomaten, Rinder-Carpaccio mit Balsamico-Essig, sautierte Birnen mit Speck; Ravioli mit Grana-Nussfüllung, Mozzarella-Creme und Schnittlauch, grüne Klößchen mit Paprikasauce und Kürbisblüten; Karree vom Milchferkel mit Milchsauce, Wild; süße Focaccia mit Orangencreme und Grand Marnier. Beachtliche Weinkarte. Einzige Empfehlung: Sparen Sie sich den Weg, wenn Sie auf Fisch aus sind, denn die Osteria hat keinen im Angebot.

Trattoria da Dino
via Cadorna, 18
Tel. 0187 736157
Sonntagabends und montags geschlossen.
Betriebsurlaub: 15.–30. Juli
Gedecke: 65 plus 60 im Freien.
Preise: € 30–33 ohne Wein.
Alle Kreditkarten.
Das familiäre Lokal – Treffpunkt vieler einheimischer Gäste – bietet gekonnt zubereitete Gerichte, bei denen man die einzelnen Zutaten klar herausschmeckt und -riecht. Mittags oder abends bekommen Sie hier Lasagne al forno, Ravioli mit Fleischsauce, Pasta mit Fisch oder Gemüse, als Hauptgericht Fisch oder Fleisch, ausgezeichnete Desserts und eine ordentliche Weinauswahl.

Vicolo Intherno
via della Canonica, 22
Tel. 0187 23998
Montags geschlossen; im Sommer täglich geöffnet.
Betriebsurlaub: wechselnd.
Gedecke: 40 plus 20 im Freien.
Preise: € 16–21 ohne Wein.
Alle Kreditkarten.
In dem hübschen, zwanglosen Lokal in einer Gasse am Marktplatz kümmert sich Riccardo um die Gäste und den Wein und Barbara um die ligurische Hausmannskost: Gemüsekuchen und gefülltes Gemüse, handgemachte Tortelli und, wenn die Temperaturen ungemütlich werden, Minestrone auf Genueser Art und Dinkelsuppe. Leckere Bavette mit Meerbarben-Sugo oder mit frischen Sardellen. Die gibt es auch eingesalzen mit Öl, Knoblauch und Petersilie, mariniert mit Zitrone, im Topf mit Kartoffeln und Tomaten, gefüllt oder frittiert. Alternativ dazu Kaninchen, Braten oder Stockfisch mit Polenta. Zum Abschluss Torte mit Äpfeln, Birnen (oder Orangen) und Ricotta. Gute Weine.

Eine Kleinigkeit zu essen

Arcadia
viale San Bartolomeo, 245
Tel. 0187 501022
Sonntags geschlossen.
Öffnungszeiten: 8–15 und 19–02 Uhr; im Sommer nur mittags geöffnet.
Betriebsurlaub: August.
In dem hellen, gepflegten Ambiente laden ein kleiner Tresen am Eingang, Marmortische, Stühle in modernem Design und zwei große grüne Holzbänke dazu ein, abends zusammenzusitzen oder mittags schnell etwas zu essen, zum Beispiel mit Schinken, Colonnata-Speck und Steinpilzen gefüllte Focaccia, geröstetes hausgemachtes Brot mit Sardellen aus Monterosso und einige warme Gerichte. Dazu bestellt man sich ein kühles Bier oder ein Glas Wein.

Birreria Sapristrasse
via Sapri, 32
Tel. 0187 739302
Mittwochs geschlossen.
Öffnungszeiten: 19.30–02 Uhr.
Das statt eines Schildes am Eingang prangende Fässchen sagt schon alles: Wer Heimweh hat, kann sich hier an deutschem Bier vom Fass laben, solo, mit bayerischen Wurst- und Käseschmankerln oder einem warmen Gericht aus der deutschen Küche.

Cabaret Voltaire
via Napoli, 92
Tel. 347 4607587
Täglich geöffnet.
Öffnungszeiten: im Winter von 18–02 Uhr; im Sommer von 20–02 Uhr.
Betriebsurlaub: ganzjährig geöffnet.
Das durch den Umbau einer Bar entstandene gemütliche Lokal ist ein Treffpunkt für junge Leute. Renzo ist für die Auswahl der Weine, Anna für das leibliche Wohl in Form von kleinen Happen zuständig: viele verschiedene Käsesorten, Sardellen aus Monterosso, Colonnata-Speck, Gemüse- oder Reiskuchen und hervorragende Wurstspezialitäten. Außerdem gutes Bier aus der Klosterbrauerei und Zigarren aus dem Humidor. Verkauf von Weinen, Lebensmitteln, Schokolade und Spirituosen.

Nettare e ambrosia
via Fazio, 85
Tel. 0187 737252
Sonntags geschlossen.
Öffnungszeiten: mittags und abends.
Betriebsurlaub: August.
Das kleine Lokal nahe des Teatro Civico hat Holztische und einen prompten Service. Alessandro führt die Enoteca, seine Frau Alessandra bietet traditionelle ligurische Gerichte, die je nach Jahreszeit und Marktangebot wechseln. Abends ist die Atmosphäre etwas lockerer: Zu Wurst- und Käsespezialitäten gönnt man sich den einen oder anderen erlesenen Tropfen. Gute Auswahl an Spirituosen.

Eis

Conca d'Oro
via Vittorio Veneto, 183
Tel. 0187 501030
Seit vielen Jahren ist dieses Lokal eine bewährte Adresse für Eis, Halbgefrorenes und Torten, wobei viel Wert auf frische Zutaten gelegt wird, vor allem bei dem Obst, das zu schmackhaftem Eis verarbeitet wird. Auch die legendäre Sachertorte fehlt nicht.

Il Sorbetto
corso Cavour, 232
Tel. 0187 713521
Die kleine Konditorei mit Bar bietet cremiges Eis in den klassischen Geschmacksorten oder aus Früchten, Sorbets, Halbgefrorenes und Diäteis.

La Gelateria di Nonna Papera
corso Nazionale, 188
Tel. 0187 599339
Eine bewährte Adresse für alles, was mit Eis zu tun hat: vorzügliches Eis in allen Geschmacksorten, leckere Eisgetränke und Mandelgebäck, das man sich nicht entgehen lassen sollte.

Einkaufen

Farinata, Focaccia, pizza

Essen in La Spezia bedeutet auch, hin und wieder – auch aus der Hand – eine traditionelle oder spezielle Pizza, Focaccia oder Farinata zu genießen. Hier einige Adressen von Bäckereien; in einigen kann man auch warme Gerichte bestellen.

Antico Sacrista
corso Cavour, 276
Tel. 0187 713384
Montags geschlossen.
Öffnungszeiten: 12–24 Uhr.

Capolinea
via Rebocco, 57
Tel. 0187 701250
Montags geschlossen.
Öffnungszeiten: mittags und abends; im Juli und August nur abends.

Fainà de l'orso
via Fabio Filzi, 19
Tel. 0187 700645
Dienstags geschlossen.
Öffnungszeiten: 19–24 Uhr.

La Pia
via Magenta, 12
Tel. 0187 739999
Sonntags geschlossen.
Öffnungszeiten: 8–22 Uhr.

Pagni
località Migliarina
via Sarzana, 12
Tel. 0187 503019
Sonntags geschlossen.
Öffnungszeiten: 8–14 und 16–21 Uhr.

Panifici Casalini
via Genova alla Foce, 601
Tel. 0187 743474
Hier gibt es alle Leckerbissen, die man im Ofen backen kann: Focaccia mit Öl oder Käse, Pizza, Brot, Gebäck und *buccellato* (Kuchenfladen). Weitere Geschäfte in der Via Chiodo, der Via Prione, der Via del Carmine und auf dem Corso Cavour.

Porta Genova
piazzale Boito, 22
Tel. 0187 704027
Montags geschlossen.
Öffnungszeiten: 8–14 und 16.30–21 Uhr.

Feinkost

Gastronomia Ferrini
via Fiume, 186
Schöne Auswahl an Wurst, Käse und Öl.

Brot und Feingebäck

Arte Bianca
via Sapri, 79
Tel. 0187 733858
Von allem ein bisschen, aber vor allem im Holzofen gebackenes Brot, das wie früher mit Sauerteig zubereitet wird. Verkauft wird auch der Käse der Genossenschaft Val di Vara.

Panificio Rizzoli
via Fiume, 108
Tel. 0187 743168
Seit fast 30 Jahren führt die Familie Rizzoli diese berühmte Bäckerei. Die vielen Kunden, die hier täglich einkaufen, schwören, dass es hier die beste Focaccia der Stadt gibt. Auch der *buccellato* ist lecker.

Pasticceria Russo
via Roma, 10
Tel. 0187 735069
Die elegante Konditorei bietet eine gute Auswahl an Schokolade und Gebäck sowie einige Qualitätsweine.

Wein

La Casa del Vino
via Biassa, 65
Tel. 0187 735253
Ein sicherer Tipp für jeden, der ein gutes Tröpfchen sucht: Hier findet man erlesene Weine aus aller Welt, aus Italien und natürlich aus der näheren Umgebung.

Kunsthandwerk

I Solitari
piazza Sant'Agostino, 63
Tel. 0187 731145
Das Zentrum für künstlerische Keramik: Hier kann man Stücke bester Qualität erstehen, zum Beispiel wunderschöne handverzierte Teller.

Pitongiaeta
via Biassa, 101
Tel. 0187 730759
»Alles, was exotisch ist« könnte das Motto dieses Geschäfts lauten, das auf Kunsthandwerk aus fernen Ländern spezialisiert ist.

Schifffahrt

Rimessaggio Porto Lotti
viale San Bartolomeo, 394
Tel. 0187 532111
und 0187 532203
Mailand 02 784352
Fax 0187 524736
www.lottiyachtingtrade.it
E-Mail: lottiyachting@lottiyachtingtrade.it
direzione@portolotti.com
Der gut ausgestattete, hübsche Hafen ist der ideale Anlegeplatz für Boote bis 50 Meter Länge.

Lerici

Museen

Museo Geopaleontologico
Castello di Lerici
piazza San Giorgio, 1
Tel. 0187 969042
Fax 0187 942838
www.museocastello.lerici.sp.it
E-Mail: info@museocastello.lerici.sp.it
Öffnungszeiten: November bis März werktags von 9–13 und 14.30–17.30 Uhr; April bis Juni und September bis Oktober werktags von 9–13 und 15–19 Uhr; Juli und August werktags von 10–13 und 17–24 Uhr; sonn- und feiertags 9–18 Uhr. Montags geschlossen.
Eintrittspreise: € 4,50, ermäßigt € 3; Erdbeben-Simulationsraum € 1.
Führungen auf Anfrage.
Das geopaläontologische Museum in der Burg von Lerici verdankt seine Existenz zum einem Giovanni Capellini, einem renommierten Experten der Disziplin, und zum anderen der Tatsache, dass auf dem Gebiet der Gemeinde Lerici versteinerte Tiere gefunden wurden, die etwa 220 Millionen Jahre alt sind. Fossilien, Steine, Mineralien und andere Funde, die Aufschluss über die Reptilien des Paläozoikums und des Mesozoikums geben. Reptilien in Lebensgröße also, aber auch eine Szenerie aus der Trias, ein Erdbeben-Simulationsraum und Roboter in Form versteinerter Krustentiere.

Centro Congressi Villa Marigola
Carispe spa
via Biaggini, 1
Tel. 0187 773318
Fax 0187 773595
www.villamarigola.com
E-Mail: meeting@villamarigola.com
Die Villa Marigola beeindruckt ihre Besucher seit mehr als 200 Jahren. In dem herrlichen Garten führt ein kleines Netz aus Wegen zu Balkonen mit Aussicht auf die Bucht von Lerici und die Burg. Die Villa wurde im 18. Jahrhundert erbaut und war Sitz der Marchesi Ollandini.

Übernachtung

Doria Park Hotel
via Doria, 2
Tel. 0187 967124
Fax 0187 966459
www.domani-usa.com/lerici/doria.html
E-Mail: doriahotel@tamnet.it.
3 Sterne, 46 Zimmer.
Parkplatz.
Preise: EZ € 62–88,
DZ € 72–114, inklusive Frühstück.
Alle Kreditkarten.
Ganzjährig geöffnet.
Das Hotel (vom Ortszentrum über eine Treppe, mit dem Auto über die Via Maralunga zu erreichen) bietet einen unvergleichlichen Blick auf den Hafen. Es hat schöne Aufenthaltsräume und Zimmer mit jeglichem Komfort, in denen man sich sogar selbst Tee oder Kaffee kochen kann. Das freundliche, hilfsbereite Personal hat immer ein offenes Ohr für die Wünsche der Gäste. Vorzügliches Frühstück.

Hotel Europa
località Maralunga
via Carpanini, 1
Tel. 0187 967800
Fax 0187 965957
www.europahotel.it
E-Mail: europa@europahotel.it
3 Sterne, 35 Zimmer.
Privatparkplatz.
Preise: EZ € 47, 57, 93 und 103; DZ € 67, 98, 129 und 186.
Ganzjährig geöffnet.
Das Hotel liegt ein Stück oberhalb von Lerici auf dem Maralunga-Hügel; zum Hafen hinunter führt eine private Treppe mitten durchs dichte Grün. Das lichtdurchflutete, geräumige Restaurant mit großen Panoramafenstern ist auf Gerichte der mediterranen Küche spezialisiert. Für das reichhaltige Frühstücksbüfett mit süßen und deftigen Speisen ist ein eigener Raum vorgesehen. Alle Zimmer verfügen über Klimaanlage, Badezimmer mit Dusche, Durchwahltelefon, Satellitenfernsehen, Minibar und Tresor. Es gibt auch eine Pianobar.

Miranda
località Tellaro
via Fiascherinio, 92
Tel. 0187 968130
Fax 0187 964032
www.karenbrown.com/italy/locandamiranda.html
2 Sterne, 7 Zimmer.
Parkplatz.
Preise: EZ € 62; DZ € 78–83.
Alle Kreditkarten.
Von Mitte Dezember bis Mitte Januar geschlossen.
Als Gast im Miranda ist man von Farben und Düften der Macchia umgeben: Olivenbäume, Pinien, Pflanzen und Blumen werden Sie ebenso begleiten wie die herrliche Aussicht aufs Meer. Geschmackvoll eingerichtete Zimmer mit Bad und angemessenem Komfort. Das sehr gute Restaurant wird von Angelo Cabani geführt, einem namhaften Koch aus La Spezia. Ausgezeichnetes Frühstück.

Shelley & delle Palme
lungomare Biaggini, 5
Tel. 0187 968204
Fax 0187 964271
www.charmerelax.it
E-Mmail: shalleyspa@libero.it.
3 Sterne, 49 Zimmer.
Parkplatz: € 10,5.
Preise: EZ € 70–78, DZ € 93–98, Frühstück inklusive.
Alle Kreditkarten.
Ganzjährig geöffnet.
Die Gastlichkeit, das A und O des Hotelgewerbes, ist in diesem Hotel am Lungomare Biaggina zu Hause, von dessen großer Terrasse man direkt auf die idyllische Bucht und die Burg blickt. Die funktionalen, freundlichen Zimmer verfügen über Satellitenfernsehen und Föhn. Den Gästen steht auch ein Solarium zur Verfügung.

Campeggio Gianna
località Tellaro
via Fiascherino, 7
Tel. und Fax 0187 966411
www.campeggiogianna.com
E-Mail: informations@campeggiogianna.com
3 Sterne.
Preise: Erwachsene € 6,50–7; Kinder von 2 bis 6 Jahren € 5–6; Hauszelt € 6–6,50; Bungalowzelt € 8,5–10; Wohnwagen € 8,5–10; Wohnmobil € 10–11; PKW € 3–4,50; Motorrad € 1,50–3 (einschließlich Warmwasser, Benutzung des Swimmingpools und elektrischen Strom).
Dieser Campingplatz liegt zwischen silbrigen Olivenbäumen direkt an der »Dichterbucht«, nur wenige 100 Meter von den Stränden in Fiascherino entfernt. Bar, Pizzeria und Swimmingpool versüßen den Aufenthalt. Die drei Kilometer nach Lerici kann man mit öffentlichen Verkehrsmitteln zurücklegen.

Restaurants

Dar Magasin
frazione La Serra
via Casamento, 18
Tel. 0187 964708
Dienstags geschlossen.
Betriebsurlaub: 15.1.–15.2. und in der letzten Augustwoche.
Gedecke: 40 plus 20 im Freien.
Preise: € 30–35 ohne Wein.
Keine Kreditkarten.
Neben gutem Essen können Sie in diesem Lokal auch den herrlichen Blick auf die »Dichterbucht« genießen. Die Gerichte sprechen hier vor allem die Sprache des Meeres: marinierte Meerbarben, Rochensalat mit süßsaurer Sauce oder Krakensalat mit grünen Bohnen und Kartoffeln sind nur einige der Vorspeisen. Als Pasta Borretsch-Ravioli, frische Bandnudeln mit Meeresfrüchten oder Gemüse. Als Hauptgericht Fischspieße aus Ofen oder Pfanne, kleine Tintenfische mit Paprika oder in Brühe gegart. Hauptsächlich Löffeldesserts; gute Weine aus der Gegend und dem übrigen Italien. Nur abends geöffnet, am Sonntag auch mittags, aber nicht im Sommer.

Il Delfino
frazione Tellaro
via Fiascherino, 104
Tel. 0187 969092
Montags geschlossen;
im August täglich geöffnet.
Betriebsurlaub: im November.
Gedecke: 60 plus 40 im Freien.
Preise: € 30–32 ohne Wein.
Alle Kreditkarten.
Bei Francesca Cortiesi und Davide Gasparini dreht sich alles ums Meer. Aus dem, was die Fischerboote täglich an der Mole ausladen, bereiten sie Miesmuschelsuppe oder gefüllte Miesmuscheln, marinierte Sardellen, Krakensalat und Seehechtterrine, Spaghetti mit Meeresfrüchten, Gnocchi mit *batti batti* (einem Krustentier), Fritto misto, Fischfilets mit Gemüse oder im Topf, Goldbrasse (oder Wolfsbarsch) in Brotkruste. Verschiedene Desserts und gute Weinauswahl.

Il Frantoio
via Cavour, 21
Tel. 0187 964174
Montags geschlossen;
im Sommer täglich geöffnet.
Betriebsurlaub: im Februar und im Juli.
Gedecke: 50
Preise: € 37–39 ohne Wein.
Alle Kreditkarten.
In einer umgebauten Ölmühle im alten Ortskern von Lerici bietet dieses Lokal unter anderem Kartoffel-Krebssoufflé, Dinkel auf Seemannsart, Gnocchi mit Hummer, schwarze Wolfsbarsch-Ravioli mit Meerbarben-Sugo, im Sud gegarte Goldbrasse, gratinierten Wolfsbarsch mit Auberginen, frischem Gemüse oder – in der Saison – Steinpilzen.

La Conchiglia
piazza del Molo, 3
Tel. 0187 967334
Mittwochs geschlossen;
im Sommer täglich geöffnet.
Betriebsurlaub: im Januar.
Gedecke: 36 plus 90 im Freien.
Preise: € 36–38 ohne Wein.
Alle Kreditkarten.
Dieses Lokal überzeugt nach wie vor mit einer geschmacklich unverfälschten Küche ohne Firlefanz. Zuerst kredenzt Ihnen Massimo Lorato, der als Pionier der Lericiner Kochkunst gilt, warme und kalte Vorspeisen, dann Risotto oder Tagliatelle mit Fischeiern, Spaghetti mit *batti batti,* Platten mit Gegrilltem und Frittiertem, allen voran das *fritto della Madonna* mit Fisch und Gemüse. Vorzügliche Weinauswahl.

Miranda
località Tellaro
via Fiascherino, 92
Tel. 0187 968130
Montags geschlossen.
Betriebsurlaub: 15. Dezember bis 15. Januar.
Gedecke: 40
Preise: € 49–52 ohne Wein.
Alle Kreditkarten.
Frische Zutaten sind die Voraussetzung für gekonnt zubereitete, geschmackvolle, duftende Speisen: Seeteufel, Geißelgarnelen aus Santa Margherita (vorzüglich!), Schattenfisch, Scampi, Wolfsbarsch und was der Markt am Morgen sonst noch so hergibt – alles wird auf ligurische Art mit provenzalischem Einschlag verarbeitet. Leckere Desserts, guter Weinkeller.

Palmira
località San Terenzo
via Trogu, 13
Tel. 0187 971094
Mittwochs geschlossen;
im Sommer täglich geöffnet.
Betriebsurlaub: November.
Gedecke: 70
Preise: € 28–30 ohne Wein.
Alle Kreditkarten.
Das kleine historische Lokal mitten im Gassengewirr setzt auf unverfälschten Geschmack: Krapfen mit *bianchetti* oder Zucchini, Krebs-Miesmuschelspieße mit Kürbispüree, Dinkel-Tintenfischsalat, in Brühe geschmorte Tintenfische, Frittiertes.

Ein Aperitif, eine Kleinigkeit zu essen, ein Kaffee

Pan-Enoteca
località Solaro
via Militare, 72
Tel. 0187 970016
Mittwochs geschlossen.
Öffnungszeiten: 12–15 und 19–23 Uhr, sonntags 12–23 Uhr.
Betriebsurlaub: 7 Tage zwischen Februar und März und im September.
Wenn man vor dem Lokal von Achille Lanata alias Franco alias »Biscotto« steht, erwartet man zunächst die übliche Dorfbar, in der man einen Kaffee oder ein Glas Weißwein trinken und die Zeitung lesen kann. Drinnen stellt man fest, dass von all dem nur das mit der Zeitung zutrifft – der Rest ist ein Traum, den Wein- und Feinschmecker in schlaflosen Nächten träumen. Franco und seine Frau Silvana entführen Sie in die Welt des Brots und der entsprechenden Beilagen: Zu den zahllosen Spezialitäten können Sie einen von

etwa 300 italienischen Spitzenweinen genießen. Die örtliche Weinproduktion ist so gut wie vollständig in den Regalen versammelt. Zu kaufen gibt es außer Wein auch einige vom Wirt ausgewählte Produkte.

Il Ponte sul Brandivino
piazza Garibaldi, 8
Tel. 0187 967721
Montags geschlossen, im Winter auch dienstags.
Öffnungszeiten: 19 – 02 Uhr.
Betriebsurlaub: wechselnd.
Zu köstlichen Fischvorspeisen, einigen deftigen Suppen, Wurst, Käse – mit Honig oder Senf-Chutney – und hausgemachten Desserts dürfen Sie aus dem großen Angebot von Weinen wählen, das die erfahrene und engagierte Nicoletta Lorato für Sie zusammengestellt hat.

Eis

Gelateria Teddy
località San Terenzo
via Mantegazza, 5
Tel. 0187 972297
Frisches Obst der Saison ist die Grundlage für einige der besten Eissorten dieser Gelateria, deren größter Renner nach wie vor das »Sospiro« ist, eine Spezialität aus Milch, Zucker und Eiern.

Einkaufen

Miesmuscheln

Cooperativa Mitilicoltori Spezzini
località Pozzuolo
via Santa Teresa, 21
Tel. 0187 970210
und 0187 971116
Die Muschelzucht konnte sich in La Spezia Ende des 19. Jahrhunderts nicht zuletzt deshalb etablieren, weil das Meer dort optimale Bedingungen bietet: Miesmuscheln brauchen ruhiges, nicht allzu salziges und sehr planktonreiches Wasser. Die Verarbeitung findet gemäß den Hygienevorschriften in modernen Zucht- und Reinigungsanlagen statt. Das Endprodukt, das laut Gesetz mindestens fünf Zentimeter messen muss, wird auch an Privatkunden verkauft.

Brot und Feingebäck

Panificio Brondi e Cargioli
via Petriccioli, 58
Tel. 0187 967219
Das Mekka des *pan col fenoceto,* der Gebäckspezialität aus Lerici, die nach traditionellem Rezept mit Anis zubereitet wird. Wegen ihrer Haltbarkeit waren die Kekse einst ein willkommener Proviant auf Seereisen.

Pasticceria Oriani
località San Terenzo
via Matteotti 31
Tel. 0187 971372
Hier gibt es *poncré* zu kaufen, eine gehaltvolle Süßspeise, die als Variante des bekannteren Plumcake 1920 von Nino und Valia erfunden wurde und noch heute nach dem ursprünglichen Rezept zubereitet wird.

Wein

Azzarini Francesco
via Petriccioli, 6
Tel. 0187 965612
Ein kleines Geschäft mit einer großen Auswahl an Weinen und Spirituosen.

Kunsthandwerk

Malaika
via Roma, 14
Tel. 0187 965290
Schmuck, Lederwaren, Kleider und andere Dinge aus aller Herren Länder, alles reines Kunsthandwerk, finden Liebhaber exotischer Accessoires in diesem Geschäft.

Sport

Golf Club Marigola
via Biaggini, 5
Tel. 0187 952256
Golfplatz mit neun Löchern, Übungsplatz, Caddieverleih, Bar und Restaurant.

Segelschule Santa Teresa
località Pozzuolo
via Santa Teresa
Tel. 0187 970311
und 0187 971414

Bootsfahrten

Navigazione Golfo dei Poeti
piazza Garibaldi
Tel. 0187 967676
Man darf nicht abreisen, ohne mindestens einmal die landschaftliche Schönheit von einem der Schiffe aus bewundert zu haben, die regelmäßig zwischen dem Golf, Portovenere, Palmaria und den Cinque Terre verkehren. Start in La Spezia, Lerici, Portovenere, Monterosso, Vernazza, Manarola und Riomaggiore.

Levanto

Museum

Mostra Permanente della Cultura Materiale
piazzetta Massola, 4
Tel. 0187 800236 und 817776
Öffnungszeiten: im Juli und August 21–23 Uhr; sonst nach Voranmeldung.
Das von ehrenamtlichen Mitarbeitern ins Leben gerufene und betriebene Heimatmuseum informiert über die örtlichen Traditionen in Seefahrt, Landwirtschaft und Kunsthandwerk.

Übernachtung

Primavera
via Cairoli, 5
Tel. 0187 808023
Fax 0187 801588
www.primaverahotel.com
E-Mail: info@primaverahotel.com oder hotelprimavera@libero.it
3 Sterne, 17 Doppelzimmer. Privatparkplatz (in der Hochsaison € 5,2).
Preise: Übernachtung mit Frühstück € 52–68; Halbpension € 83–99.
Alle Kreditkarten.
Von November bis Februar geschlossen.
Das Besondere an dem ruhigen Hotel 50 Meter vom Meer entfernt ist die Bar, für die im Gebäude ein Hof und ein typisch ligurischer *carrugio* nachgebaut wurden. Die Zimmer, einige mit sonnigem Balkon, haben alle ein eigenes Bad mit Dusche, Satellitenfernsehen und Telefon. Familiäre Atmosphäre, reichhaltiges Frühstücksbüfett.

Stella Maris
via Marconi, 4
Tel. 0187 808258
Fax 0187 807351
www.hotelstellamaris.it
E-Mail: renza@hotelstellamaris.it
2 Sterne, 15 Zimmer.
Parkplatz: € 6,2.
Preise: EZ € 88–98; DZ € 129–176.
Alle Kreditkarten.
Im November geschlossen.
Das von der Familie Italiani geführte Hotel verfügt über acht Zimmer in der Beletage des Palazzo Vannoni im Ortszentrum, deren bemalte Decken, antike Möbel und Spitzengardinen den Gast in eine andere Zeit zurückversetzen. Sieben weitere komfortable Zimmer befinden sich in einem benachbarten Haus.

Villa Margherita Bed & Breakfast
via Trento e Trieste, 31
Tel. und Fax 0187 807212
www.villamargherita.net
E-Mail: villamargherita@hotmail.com
5 Zimmer.
Preise: € 68–88 inklusive Frühstück.
Alle Kreditkarten.
Ganzjährig geöffnet.
Zimmer mit Fernseher, Fön und eigenem Bad. Internetzugang.

Ostello Ospitalia del Mare
via San Niccolò, 1
Tel. 0187 802562
Fax 0187 803696
E-Mail: ospitalia@libero.it
10 Zimmer.
Preise: € 13–23,50.
Alle Kreditkarten.
Ganzjährig geöffnet.
Die Jugendherberge in den restaurierten Räumen des ehemaligen Augustinerklosters mitten im alten Ortskern bietet Übernachtungsmöglichkeiten für etwa 60 Personen in 4-, 6- und 8-Bett-Zimmern mit Bad, Warmwasser, Heizung, Bettwäsche und Handtüchern. Geschichtlich und architektonisch interessant sind der Bogengang, die Holzdecken (15. Jahrhundert), die Überreste der Vorgängerkirche und der Mauergang. Levanto ist ein guter Ausgangspunkt für eine Tour durch die Cinque Terre; die Bahn verkehrt regelmäßig dorthin und die Herberge ist nur knapp einen Kilometer vom Bahnhof entfernt. Auch bis zum örtlichen Strand sind es nur wenige 100 Meter. Sonderkonditionen für Gäste in Restaurants und Geschäften. Spezialtarife für Gruppen. Ein Seminarraum steht zur Verfügung.

Agriturismo Villanova
località Villanova
Tel. 0187 802517
Fax 0187 803519
www.agrivillanova.com
E-Mail: massola@iol.it
8 Zimmer (3 DZ, 3 Dreibettzimmer, 2 Suiten) und 2 Appartements.
Preise: DZ € 80–95; Dreibettzimmer € 105–120; Suite € 115-130; Appartement (pro Woche) € 520–670.
Alle Kreditkarten.
Von Dezember bis Februar geschlossen.
Villanova, ein herrliches Landgut aus dem 17. Jahrhundert, in dem die Barone von Massola ihre Sommerfrische verbrachten, ist nicht weit von den Cinque Terre entfernt und ein idealer Stützpunkt für Wanderfreunde, die auf vielen Wegen die traumhafte Landschaft erkunden können. Das ehemalige Herren-

haus und die Wirtschaftsgebäude wurden umgebaut und sind heute bestens geeignet für einen erholsamen Urlaub. Eigene Produktion von Wein, Öl, Obst und Gemüse.

Restaurants

Antica Trattoria Centro
corso Italia, 4
Tel. 0187 808157
Dienstags geschlossen.
Betriebsurlaub: 15 Tage im Januar und im November.
Gedecke: 40 plus 70 im Freien.
Preise: € 23–26 ohne Wein.
Alle Kreditkarten.
Das Angebot konzentriert sich auf Fischgerichte wie »Kotelett«-Sardellen und Risotto mit Meeresfrüchten, lässt jedoch auch die ligurische Tradition nicht außer Acht. Es gibt also auch Klöße mit Pesto, Ravioli, *pansoti*, gefüllte Kalbsbrust und Kaninchen. Gepflegter, prompter Service; ordentliche Weinkarte und gute Grappa-Auswahl.

La Loggia
piazza del Popolo, 5
Tel. 0187 808107
Mittwochs geschlossen.
Betriebsurlaub: von Januar bis Februar und im November.
Gedecke: 70 plus 30 im Freien.
Preise: € 30–32 ohne Wein.
Alle Kreditkarten.
Das Lokal in einem Steinhaus neben der mittelalterlichen Loggia wird von einem jungen Team bestens geführt und bietet eine umfassende Tageskarte mit den passenden Weinen. Zu empfehlen sind die guten und reichhaltigen gemischten Vorspeisen, ebenso die Primi, zum Beispiel Safran-Gnocchi mit Scampi, Fisch-Ravioli, schwarze Tagliolini mit Scampi, Steinpilzen und Spargel. Wolfsbarsch, Marmor-, Gold- und Meerbrasse dominieren die Hauptgerichte. Zum Abschluss hausgemachte Torten und Kuchen.

Ein Aperitif, eine Kleinigkeit zu essen, ein Kaffee

La Vineria
piazza Staglieno, 28
Tel. 0187 807239
Donnerstags geschlossen; im Sommer täglich geöffnet.
Öffnungszeiten: 18–02 Uhr.
Betriebsurlaub: ganzjährig geöffnet.
In Ocker- und Blautönen gehaltenes kleines, gemütliches Lokal mit vielen Plätzen draußen im Grün des Stadtparks. Über 200 offene und Flaschenweine zu Wurstspezialitäten aus ganz Italien, Käse aus dem In- und Ausland, Röstbrot, Gemüsekuchen und anderen Leckereien, ausgewählt und zubereitet von Lorenzo Perrone, der mit seiner Schwester das Lokal betreibt. Das Geschäft nebenan (La Vineria, piazza Staglieno 34) verkauft Wein und Delikatessen.

Einkaufen

Eingesalzene Sardellen

Cooperativa Acquacoltura Punta Mesco-Cinque Terre
via Guani, 17 l
Tel. 0187 808186-335
7054676-329 2126080
In dem Genossenschaftsbetrieb werden die Fische zum idealen Zeitpunkt gefangen und mit traditionellen Methoden und moderner Technik zu schmackhaften eingesalzenen Sardellen verarbeitet.

Pizza und Focaccia

Il Falcone
via Cairoli, 19
Tel. 0187 807370
Wenn Sie in der Nähe sind, können Sie sich vom Duft leiten lassen: Der Verlockung von Brot, Focaccia, Pizzastücken und anderen Backwaren kann man nicht widerstehen.

Panetteria Raso
via Dante, 10
Tel. 0187 808579
Der Straßenverkauf ist in Ligurien ein Ritual: Focaccia mit Öl, Salbei, Würstchen, Oliven, Zwiebeln, Recco-Käse sowie *farinata* sind die schmackhaften Wegbegleiter, die Sie in dieser Bäckerei erstehen können.

Weinerzeuger

Cooperativa Agricoltori Vallata di Levanto
località Le Ghiare
via San Matteo, 20
Tel. und Fax 0187 800867
Die Genossenschaft zählt rund 130 Mitglieder. In einem Teilgebiet des DOC-Bereichs Colline di Levanto werden Trauben (Sangiovese, Ciliegiolo, Vermentino, Albarola, Bosco) angebaut, die dann zu unverfälschten, gut trinkbaren Weinen verarbeitet werden. Aus den örtlichen Razzola-Oliven wird Extravergine-Öl hergestellt. Grappa und Zitronenlikör runden das Angebot ab.

MANAROLA

(Gemeinde Riomaggiore)

ÜBERNACHTUNG

Ca' d'Andrean
via Discovolo, 101
Tel. 0187 920040
Fax 0187 920452
3 Sterne, 10 Zimmer.
Preise: EZ € 80; DZ € 105;
Frühstück € 4,50.
Im November geschlossen.
Durch den Umbau des Kellers und der Ölmühle eines alten Wohnhauses entstand vor kurzem dieses Hotel mit freundlichem Service und familiärem Ambiente. Zweckmäßig ausgestattete Zimmer und Garten.

Marina Piccola
via Discovolo, 192
Tel. 0187 920103
Fax 0187 920966
3 Sterne, 10 Zimmer.
Preise: EZ € 37–47;
DZ € 62; Frühstück € 8.
Alle Kreditkarten.
Im Januar geschlossen.
Die gepflegten Zimmer sind mit normalem Standard zweckmäßig ausgestattet und bieten einen Blick auf den Hafen mit dem auffälligen schwarzen Felsen; einige haben eine Terrasse. Das für seine guten Fischgerichte bekannte Hotelrestaurant steht auch Gästen von außerhalb offen.

Il Saraceno
località Ava Volastra
Tel. 0187 760081
Fax 0187 760791
www.thesaraceno.com
E-Mail: hotel@thesaraceno.com
3 Sterne, 7 Zimmer.
Überdachter Parkplatz.
Preise: EZ € 52;
DZ € 72–93.
Alle Kreditkarten.
Im November geschlossen.
Kleines, komfortables Hotel in Familienhand mit gemütlichen Zimmern, von denen jedes anders ist.

RESTAURANT

Cappun magru in casa di Marin
località Groppo
via Volastra, 19
Tel. 0187 920563
Montags und dienstags geschlossen; nur abends, am Sonntag nur mittags geöffnet; im Sommer montags geschlossen, sonst nur abends geöffnet.
Betriebsurlaub: November.
Gedecke: 20 plus 10 im Freien.
Preise: € 28–33 ohne Wein.
Kreditkarten: CartaSi, Visa.
Christiane, Maurizio und Giuseppe, ein eingespieltes Team, bieten hervorragende, der Tradition verpflichtete Gerichte, deren wichtigste Zutaten Kräuter und Fisch sind, vor allem beim opulenten Gemüseeintopf *(cappon magro)*. Nicht entgehen lassen sollte man sich die Kichererbsenpastete, die frischen Saubohnen mit Meeresfrüchten, den Tintenfisch mit Sellerieherzen und Himbeeren sowie den Frühlingszwiebelauflauf mit Reissalat und Sardellen aus Monterosso. Als Primo grüne Suppe mit Seeteufelschwanz, Lavagna-Törtchen (ein Rezept aus dem 14. Jahrhundert), Tagliolini im Tintenfischnest mit Auberginencreme und Colonnata-Speck. Dann Zahnbrassenfilet oder Bernsteinmakrele vom heißen Stein. Wer keinen Fisch mag, bestellt geschmorte Kalbsrouladen *(tomaxelle)* oder ligurischen Ziegenkäse. Unvergleichlich das Schokoladen-Ricotta-Dessert. Ohne Reservierung geht hier nichts.

EINE KLEINIGKEIT ZU ESSEN

Enoteca Da U Cila
via Colombo, 84
Sardellenhappen, Gemüsekuchen und Wurstspezialitäten zu vorzüglichen Weinen aus der Gegend und dem Rest Italiens.

WEINERZEUGER

Cooperativa Agricoltura delle Cinque Terre
località Groppo
Tel. 0187 920435
Fax 0187 920076
Seit rund 20 Jahren ist die Genossenschaft das gemeinsame Dach einer beträchtlichen Anzahl von Winzern, eine Art Denkmal der Weinbautradition in den Cinque Terre, an der sie beharrlich festhält, um ein vom Verfall bedrohtes Anbaugebiet zu retten. Leider haben die Bemühungen nicht immer den Erfolg gezeitigt, den man in dieser Gegend erwarten könnte. Die Produktion umfasst einen normalen Cinqueterre, drei Crus, einen Sciacchetrà und einige weniger bedeutende Weine. Bei der Genossenschaft kann man neben Wein auch andere ligurische Spezialitäten, zum Beispiel eingesalzene Sardellen, kaufen. Das Geschäft befindet sich in der Via delle Cinque Terre 801 (Küstenstraße nach La Spezia).

Forlini e Cappelini
via Bernardo Riccobaldi, 45
Tel. 0187 920496
Der Familienbetrieb bewirtschaft die eigenen Rebflächen in guter Lage auf den mit Trockenmauern abgestützten Terassenhängen. Alberto und Germana erzeugen mit Unterstützung durch ihren Sohn Giacomo etwa 8000 Flaschen guten Cinqueterre, der sich Jahrgang für Jahrgang durch charakteristische Geruchs- und Geschmackseigenschaften auszeichnet: delikater Kräuter- und Blütengeruch (Anis und Rebblüten) und voller Geschmack mit zarten Mandelaromen.

MONTEROSSO AL MARE

ÜBERNACHTUNG

Albergo degli Amici
via Buranco, 36
Tel. 0187 817544
Fax 0187 817424
www.cinqueterre.it/hotelamici
E-Mail: amici@cinqueterre.it
3 Sterne, 43 Zimmer.
Preise: EZ € 47–67;
DZ € 88–124.
Alle Kreditkarten.
Im Januar und November geschlossen.
Das im typisch ligurischen Stil gehaltene Hotel in einer der ruhigsten Gegenden Monterossos, nicht weit vom Meer und vom offenen Land, bietet seine Gästen einen vom vierten Stock aus zugänglichen Panoramagarten. Die Zimmer haben Dusche und WC, Telefon, Satellitenfernsehen. Ein Solarium und eine gute Küche runden das Angebot ab.

Locanda Il Maestrale
via Roma, 37
Tel. 0187 817013
Fax 0187 817084
www.monterossonet.com
E-Mail: maestrale@monterossonet.com
6 Zimmer.
Preise: EZ € 42–78;
DZ € 93–140;
Suite € 129–192.
Alle Kreditkarten außer AE und Diners.
Ganzjährig geöffnet.
Ein Palazzo aus dem 17. Jahrhundert mit einer Terrasse über der Hauptstraße des alten Ortskerns wurde restauriert und zur Pension umgebaut. Die beiden Suiten und die drei Doppelzimmer sind nach den fünf Orten der Cinque Terre benannt; das Einzelzimmer heißt, wie um die verschiedenen Seelen dieses Landstrichs miteinander zu versöhnen, einfach »5 Terre«. Alle verfügen über Dusche, WC, Fernseher, Telefon, Tresor, Minibar, Fön und Klimaanlage. Das reichhaltige Frühstück wird bis 11 Uhr angeboten.

Porto Roca
via Corone, 1
Tel. 0187 817502
Fax 0187 817692
www.portoroca.it
E-Mail: portoroca@portoroca.it
4 Sterne, 43 Zimmer.
Kostenpflichtiger Parkplatz.
Preise: EZ (nach Norden)
€ 129–202; EZ (mit Meerblick)
€ 222–233; DZ (klein)
€ 155–181; DZ (nach Norden)
€ 207–222; DZ (mit Meerblick)
€ 233–248; Familientarif
(2 Zimmer) € 382–403.
Alle gängigen Kreditkarten.
Vom 1. November bis 31. März geschlossen.
Das herrliche Hotel liegt hoch über dem Meer in einer der schönsten Ecken der ligurischen Küste. Es ist nur 200 Meter vom Hauptplatz in Monterosso entfernt und dennoch eine Oase der Ruhe und Erholung. Das moderne Gebäude ist mit antiken Möbeln eingerichtet; die (teilweise in den Fels gehauenen) Zimmer verfügen über jeden Komfort. In der warmen Jahreszeit kann man das Frühstück auf der zum Strand hin gelegenen Terrasse einnehmen.

**Foresteria
del Santuario di Soviore**
località Soviore
Tel. 0187 817385
30 Ein- und Zweizimmerwohnungen mit 2, 4, oder 6 Betten, Kochecke, Bad/WC.
Parkplatz.
Preise: Einzimmerwohnung
€ 21–47; Zweizimmerwohnung € 26–52.
Alle Kreditkarten, Bancomat.
Ein Gebäudekomplex am Vorplatz der Wallfahrtskirche von Soviore. Gäste können auch in der dortigen Trattoria zu Mittag essen. Bringen Sie Bettwäsche und Handtücher mit, sie werden nicht gestellt.

RESTAURANTS

Il Ciliegio
località Beo, 2
Tel. 0187 817829
Montags geschlossen; im Winter nur am Wochenende geöffnet.
Betriebsurlaub: ganzjährig geöffnet.
Gedecke: 60 plus 60 im Freien.
Preise: € 23–25 ohne Wein.
Kreditkarten: Visa, Bancomat.
Auf den Hügeln, in deren Schutz Monterosso liegt, geht auf dem

Weg zum Meer und zur Altstadt rechts eine kleine Straße zu diesem Lokal ab: eine einsehbare Küche, ein Gastraum und ein schattiger Garten mit Meerblick. Rosanna und Teresa servieren einfache Gerichte. Sardellen gibt es mariniert, eingesalzen mit Öl und Petersilie oder gefüllt. Als Primo Klößchen mit Schwertfisch, Trenette mit Pesto, Spaghetti mit Mies- und Venusmuscheln und Fleisch-Ravioli mit Sugo. Sardellen auch als Hauptgericht, alternativ dazu gefüllte Miesmuscheln oder Schwertfisch. Leckerer Apfel- und Obstkuchen oder Sandkuchen mit Honig und Schokolade *(monterossina)*.

Pizza

Miki
via Fegina, 104
Tel. 0187 817608
Dienstags geschlossen;
im Sommer täglich geöffnet.
Einige leckere Pizzen, aber auch eine normale Speisekarte.

Ein Kaffee, ein Aperitif

Bar Centrale
via Garibaldi, 10
Tel. 0187 817690
Lorenzo Fossani führt diese gut besuchte Bar an der Piazzetta. Großer Garten, sorgfältiger Service, Eis aus eigener Herstellung, örtliche Weine.

Latteria Giuliana
località Fegina
(an der Strandpromenade von Fegina)
Tel. 0187 817491
An ein paar Tischen im Freien kann man schön sitzen und einen Kaffee trinken.

Einkaufen

Brot, Pizza und Focaccia

Focacceria Il Frantoio
via Gioberti, 1
Tel. 0187 818333
In einem der Gässchen des Ortes gibt es den ganzen Tag über frisch zubereitete Pizza, *farinata*, Gemüsekuchen, einfache Focaccia oder mit Zwiebeln bzw. Gemüse und *sgabei* (in Öl ausgebackene Brötchen).

Il Fornaio di Monterosso
località Fegina
via Fegina, 112
Tel. 0187 817420
Focaccia mit Öl, Zwiebeln oder Oliven, Pizza und verschiedene Sorten Brot gibt es hier und in dem Laden in der Via Roma.

Fisch

Giuliano Poggi
località Fegina
Giuliano Poggi, der professionell Fischfang betreibt, verkauft an seinem Stand neben dem Parkplatz Erzeugnisse aus heimischen Fischgründen. Hin und wieder gibt es dann auch die köstlichen Sardellen aus Monterosso, frisch oder in Salz eingelegt.

I Pigia Ninte
via Verdi
Frischer Fisch und, wenn gutes Fangwetter war, Sardellen mit festem Fleisch und delikatem Geschmack.

Wein

Enoteca Internazionale
via Roma, 62
Tel. 0187 817278
Öffnungszeiten: 9 – 23/24 Uhr
Dienstags geschlossen;
im Sommer täglich geöffnet.
Betriebsurlaub: 1 Monat nach dem Dreikönigsfest.
Susanna Barbieri führt seit 1996 mit Eltern und Schwester die Enoteca und hat sich seitdem ständig kundig gemacht, um ihren Kunden interessante Spezialitäten anbieten zu können. An einigen Tischen kann man Wein, Käse, Wurst und die vorzüglichen Sardellen aus Monterosso probieren.

Ciak
via Roma, 4
Tel. 0187 817315
Große Auswahl an Weinen und anderen empfehlenswerten Erzeugnissen.

Geschenk- und Haushaltsartikel

La Gazza Ladra
piazza Matteotti, 6
Tel. 0187 817068
»Die diebische Elster« an der lebhaften Piazzetta in der Nähe der Buranco-Arkaden ist ein Paradies für Einkaufslustige: nicht nur glänzende Gegenstände, wie der Name vermuten lässt, sondern ein richtiger Basar mit Ledertaschen, Kleidung, Nippes, Schmuck und anderen originellen Mitbringseln.

ORTONOVO

Museum

Museo Archeologico Nazionale Lunense
località Luni Scavi
Tel. 0187 66811
Öffnungszeiten: im Sommer 9–12 und 15–19 Uhr; im Winter 9–12 und 14–17 Uhr. Montags geschlossen.
In dem kleinen, aber feinen Museum sind Funde aus Luni, der 177 v. Chr. an der Magra-Mündung gegründeten Stadt, ausgestellt: Statuen, Steintafeln, Gebäudefragmente, Werke aus Bronze, Amphoren, Keramik, Münzen und Gebrauchsgegenstände. Zum Ausgrabungsgelände gehören das Forum, ein Diana-Tempel, zwei Patrizierhäuser und, außerhalb des Stadtbezirks, ein Amphitheater mit 6000 Plätzen.

Restaurants

Cervia
località Nicola
piazza della Chiesa, 19
Tel. 0187 660491
Montags geschlossen.
Betriebsurlaub: zwischen September und Oktober.
Gedecke: 50 plus 70 im Freien.
Preise: € 23–25 ohne Wein.
Alle Kreditkarten.
Das Lokal liegt am Dorfplatz von Nicola, einem mittelalterlichen Ort auf den ligurischen Hügeln an der Grenze zur Toskana. Die Familie Lorenzini verarbeitet vorwiegend heimische Zutaten nach traditionellen Rezepten mit modernem Pfiff. Zum Beispiel Colonnata-Speck, Gemüsekuchen; Ravioli mit heller Fleischfüllung und leichtem Sugo, Risotto mit Pilzen, Kastanien und Kürbis, Stracci mit Spargel, Tagliatelle mit Kartoffeln, Pesto und Brokkoli; Kräuterlamm, Sardellen aus dem Ofen mit Kartoffeln, Kalbsrouladen mit Birnen und Pecorino-Käse. Leckere Desserts. Gute Auswahl an örtlichen Weinen und einige toskanische Gewächse.

Da Fiorella
località Nicola
via Case Sparse, 5
Tel. 0187 66857
Donnerstags geschlossen.
Betriebsurlaub: im Januar und im September.
Gedecke: 80
Preise: € 20–22 ohne Wein.
Kreditkarten: AE, Visa.
Signora Fiorella ist eine Frau mit Prinzipien: gekonnt zubereitete unverfälschte traditionelle Hausmannskost. Teigfladen mit Extravergine-Olivenöl und Käse, mit Pesto oder mit Pilzen, Wurst, Gemüsekuchen, Gemüse in Öl. Dann Ravioli mit Fleisch-Sugo, Testaroli mit Pesto, Perlhuhn, Backhuhn oder Kaninchen. Zum Dessert Reiskuchen, Mürbteigkuchen mit Amaretti, Marmelade und Pinienkernen sowie Apfelkuchen. Lecker auch das hausgemachte Brot mit Nüssen. Gute Auswahl örtlicher und anderer italienischer Weine.

Eine Kleinigkeit zu essen

Enoteca Il Profeta
località Isola
Wenn Sie nur eine Kleinigkeit zu sich nehmen wollen, können Sie hier aus einer reichhaltigen Auswahl an Weinen, Wurst- und Käsespezialitäten (auch von Androuet) wählen.

Einkaufen

Brot und Focaccia

Panificio Da Cudì
località Isola
via Gaggio, 48
Tel. 0187 66701
Hier gibt es vorzügliches Holzofenbrot, Focaccia mit Basilikum und süßes Backwerk.

Liköre

Liquoreria Mediterranea
via Firenze, 27
Tel. 0187 661600
Fiorella Stoppa erzeugt ihre Essenzen auf natürliche Weise ohne Konservierungs- und Farbstoffe; sie orientiert sich an traditionellen Rezepten und verwendet ligurische Produkte. Die erlesenen, geruchlich und geschmacklich intensiven Kreationen, etwa Zitronen- oder Basilikumlikör, werden durch Kaltmaischung hergestellt, damit die Aromen besser erhalten bleiben.

Weinerzeuger

La Pietra del Focolare
via Dogana, 209
Tel. 0187 662129
Stefano Salvetti und seine Frau Laura führen diese kleine Kellerei im DOC-Gebiet Colli di Luni. Durch eine rigorose Auslese im Weinberg, aufgrund derer der Ertrag 40 Doppelzentner pro Hektar nicht überschreitet, kann ohne jeden Einsatz von Holzfässern das Beste aus den Trauben herausgeholt werden. Die Produktion umfasst vier Vermentino-Weine.

Portovenere

Übernachtung

Grand Hotel Portovenere
via Garibaldi, 5
Tel. 0187 792610
Fax 0187 790661
www.rphotels.com
E-Mail: ghp@village.it
4 Sterne, 44 Zimmer, 10 Suiten.
Auf Vorbestellung Parkmöglichkeit in der Nähe des Hotels.
Preise: EZ € 75–114;
DZ als EZ € 80–134;
DZ € 96–186; Junior-Suite
€ 145–253; Suite € 186–305;
vom 4.8. bis 19.8. sind EZ und DZ nur mit Halbpension zu buchen.
Alle Kreditkarten.
Das Hotel liegt innerhalb einer Klosteranlage aus dem 17. Jahrhundert gegenüber von Palmaria und ist von den für Portovenere typischen Turmhäusern umgeben. Die modernen, eleganten Zimmer haben Klimaanlage, Satellitenfernsehen, Minibar und Telefon. Die Gäste können außerdem einen Internetzugang, den Schönheitssalon Dibi und das Fitnesscenter TechnoGym nutzen.

La Baia
località Le Grazie
via Lungomare, 111
Tel. 0187 790797
Fax 0187 790034
www.emmeti.it/welcome
E-Mail: hbaia@cdh.it
3 Sterne, 34 Zimmer.
Unbewachter Parkplatz.
Preise: EZ € 78; DZ € 114.
Alle Kreditkarten.
Das nahe am Meer gelegene Hotel bietet sich für jeden an, der die Landschaft genießen möchte. Zimmer mit jeglichem Komfort (inklusive PC-Anschluss). Kleiner Aufschlag für Zimmer mit Meerblick.

Locanda Lorena
isola Palmaria
via Cavour, 4
Tel. 0187 792370
Fax 0187 792379
1 Stern, 8 Zimmer.
Preise: DZ € 83–93.
Alle Kreditkarten.
Von April bis September geöffnet.
Der ideale Ort für Spaziergänge an der frischen Luft und erholsame Angelausflüge. Nicht alle Zimmer haben ein eigenes Bad. In dem Lokal, das früher ein Postamt war, kann man heute Fischgerichte genießen: Wolfsbarsch-Ravioli, Spaghetti mit Miesmuscheln aus der Gegend, geschmorte Tintenfische.

Paradiso
via Garibaldi, 34
Tel. 0187 790612
Fax 0187 792582
www.hotelportovenere.it
E-Mail: info@hotelportovenere.it
3 Sterne, 22 Zimmer.
Privatgarage.
Preise: EZ € 62, mit Halbpension € 93–119; DZ € 83,
mit Halbpension € 134–165;
in der Hochsaison und am Wochenende nur mit Halbpension zu buchen.
Alle Kreditkarten.
Das Hotel in herrlicher Lage mit Blick auf Palmaria und die Apuanischen Alpen hat komfortable Zimmer, die alle aufs Meer gehen und über Telefon, Fernseher, Minibar und eigenes Bad verfügen. Von warmen Pastelltönen umgeben, kann man es sich in einem ruhigen Leseraum bequem machen oder auf der hellen Restaurantterrasse speisen. Kleine Haustiere sind erlaubt.

Restaurants

Antica Osteria del Caruggio
via Capellini, 66
Tel. 0187 790617
Donnerstags geschlossen;
im Sommer täglich geöffnet.
Betriebsurlaub: im November.
Gedecke: 50
Preise: € 15–17 ohne Wein.
Keine Kreditkarten.
Der richtige Ort für ein nicht allzu opulentes, aber schmackhaftes Mahl. Traditionelle ligurische Fischküche: Sardellen, Krakensalat, gefüllte Miesmuscheln, *mesciua* und anderes. Dazu einfache Weine und die typischen Geräusche der »Gasse«.

Da Iseo
calata Doria, 9
Tel. 0187 790610
Fax 0187 792379
Mittwochs geschlossen.
Betriebsurlaub: zwischen Januar und Februar
Gedecke: 80 plus 70 im Freien.
Preise: € 37–42.
Alle Kreditkarten.
Bewährtes Angebot, vielleicht etwas touristisch, aber traditionell: Vorspeisen, die nach Meer schmecken, Spaghetti mit Fisch-Sugo, Pennette mit Krebsen, Fisch aus dem Ofen mit Kartoffeln, gemischtes Frittiertes und hausgemachte Desserts.

La Marina da Antonio
piazza Marina, 6
Tel. 0187 790686
Donnerstags geschlossen.
Betriebsurlaub: März.
Gedecke: 70 plus 50 im Freien.
Preise: € 31–37.
Alle Kreditkarten.
Da das Lokal direkt am Meer liegt, wird vor allem das verarbeitet, was dort zu holen ist: Mit Schwertfisch, Scholle, Rotem Knurrhahn, Miesmuscheln, Weich- und Krustentieren werden saftige Vorspeisen, schmackhafte Primi und vorzügliche Hauptgerichte zubereitet. Zu empfehlen besonders die knusprig frittierten kleinen Fische. Der Wein spielt nur eine Statistenrolle.

La Chiglia
via dell'Olivo, 317
Tel. 0187 792179
Mittwochs geschlossen.
Betriebsurlaub: im Januar oder im November.
Gedecke: 80 plus 20 im Freien.
Preise: € 28–30 ohne Wein.
Alle Kreditkarten.
Fischlokal, das vornehmlich aus örtlichen Beständen schöpft. Je nach Saison und Laune des Kochs bietet die Speisekarte knusprige Fischfilets mit Kichererbsen-Käsecreme, Tagliolini mit Krebsen und weißen Trüffeln, klassische Spaghetti mit Meeresfrüchten, Grillplatten oder Fisch in verschiedenen Zubereitungsvarianten. Die Weinauswahl ist recht begrenzt.

Il Timone
via dell'Olivo, 27
Tel. 0187 790675
Dienstags geschlossen.
Ligurische Hausmannskost, heimischer Fang: Spaghetti mit Miesmuscheln, gefüllte Miesmuscheln, Sardellen, frittiert oder aus dem Ofen mit Kartoffeln.

Ein Kaffee, ein Eis, ein Aperitif

Bar Lamia
calata Doria
Eine akzeptable Auswahl an Spirituosen, ein Glas Wein, ein Eis oder ein kühles Bier an einigen wenigen Tischen in der Nähe des Hafens.

Einkaufen

Farinata, Focaccia und Pizza

La Pizzaccia
via Capellini, 94
Tel. 0187 792722
Seit einigen Jahren führt Renato, aus Brescia gebürtig, aber in Ligurien zu Hause, mit unermüdlicher Begeisterung das Geschäft in der Via Capellini. Die Pizzastücke sind mit allem möglichen Gemüse der Saison oder mit Käse belegt, die Focaccia schmeckt nach Erbsen, Nusssauce oder Pesto, aber der Klassiker ist die duftende *farinata*. Viel Platz ist nicht, doch einige Hocker und Bänke laden zum Sitzen ein.

Wein und Feinkost

A Posaa
piazza Bastreri, 2
Tel. 0187 791466
Gepflegte Auswahl ligurischer Spezialitäten: Öl, Wein, Saucen, Oliven und vieles mehr.

Kunsthandwerk

La Grotta dell'Artigiano
calata Doria
Tel. 0187 790594
Calata Doria heißt die Straße am Meer, und hier verkauft Laura Baracco Keramik aus eigener Herstellung und verschiedene Geschenkartikel.

Riccò del Golfo

Restaurants

Antica Trattoria Cerretti
frazione Ponzò
via San Cristoforo, 22
Tel. 0187 926277
Mittwochs geschlossen; im Juli und August täglich geöffnet.
Betriebsurlaub: Ende Januar.
Gedecke: 50
Preise: € 23–31 ohne Wein.
Alle Kreditkarten.
Die schöne Lage und die meisterhafte Zubereitung der Speisen gehen Hand in Hand. Vertrauen Sie sich dem freundlichen Wirt Teano an und schwelgen Sie in heimischem Bauchspeck, Gemüse in Öl und Gemüsekuchen, dazu ausgebackene Brötchen *(sgabei)*. Tolle Primi: Gemüsesuppe, Tagliatelle mit Steinpilzen, Fleisch- und Gemüse-Ravioli mit Ragout oder *pansoti* mit Nusssauce. Dann mit Nüssen gefülltes Milchferkel,

geschmorter oder im Ofen gegarter Stockfisch und im Herbst Taube in Folie mit Steinpilzen, Zicklein und Wildschwein in würziger weißer Sauce, Fasan mit Trauben. Unter den Desserts ist der Sandkuchen mit Creme und Waldbeeren besonders lecker. Annehmbarer Wein.

RIOMAGGIORE

ÜBERNACHTUNG

Hotel Villa Argentina
via De Gasperi, 170
Tel. und Fax 0187 920213
E-Mail: villargentina@libero.it
2 Sterne, 15 Zimmer.
Parkplatz: € 7.
Preise: EZ € 70–87;
DZ € 78–103; Frühstück € 7.
Keine Kreditkarten.
Von 7. Januar bis 15. Februar geschlossen.

Den ersten Eindruck macht das Hotel von Bernardo Cappellini und Giovanna Bonanni schon in der Halle, die wie eine Kunstgalerie anmutet. Schöne Lage mit Blick auf Riomaggiore und Monterosso. Einige Zimmer haben eine Terrasse, alle verfügen über ein eigenes Bad, Satellitenfernsehen und Föhn. Das Hotel hat kein Restaurant, aber eine Sondervereinbarung (€ 20) mit der nahen (ausgezeichneten) Trattoria Ripa del Sole. Es werden auch mehrere Appartements im historischen Ortskern vermietet.

Il Borgo di Campi
località Campi
via Litoranea, km 9
Tel. 0187 760111
und 0187 920300
Fax 0187 760714
www.borgodicampi.it
E-Mail: info@borgodicampi.it
28 Appartements.
Preise: kategorie- und saisonabhängig von € 427 bis € 875.
Alle Kreditkarten außer AE.
Im November geschlossen.
Das Feriendorf liegt inmitten einer eindrucksvollen Szenerie aus knorrigen Olivenbäumen und Rebterrassen; zum Meer sind es 100 Meter im freien Fall und, für einen erholsamen Urlaub nicht ganz unerheblich, Autos haben auf dem Gelände nichts zu suchen, das nur über eine Treppe erreichbar ist. An den An- und Abreisetagen steht ein praktischer kleiner Zug zur Verfügung. Wer es spartanisch mag, kann auch in den Bauernhäusern der nahen Cà dei Cian übernachten. In beiden Fällen besteht Gelegenheit zum Wandern, zum Mountainbiking, zu Ausritten oder Bootsausflügen. Die Mindestaufenthaltsdauer beträgt eine Woche.

RESTAURANT

Ripa del Sole
via De Gasperi, 4
Tel. 0187 920143
Montags geschlossen; im Sommer nur mittags geöffnet.
Betriebsurlaub: im November.
Gedecke: 70 plus 50 im Freien.
Preise: € 21–29 ohne Wein.
Alle Kreditkarten.
Ein Blick auf Riomaggiore und die terrassierten Weinberge heißen Sie willkommen. Die Geschwister Daniela und Matteo sind hauptsächlich auf traditionelle Speisen abonniert und bieten marinierten Klippfisch, eingesalzene Sardellen in Gelee, Krakensalat mit ligurischen Oliven, Krapfen mit *bianchetti*. Die klassischen Tintenfische werden mit Dinkel, die Fisch-Ravioli mit Kräutern wie Thymian und Oregano gereicht. Außerdem gibt es eine ausgezeichnete Platte mit frittiertem Fisch und Wolfsbarschfilet mit Gemüse der Saison. Gute Desserts und ordentliche örtliche Weine.

WEINERZEUGER

Walter De Battè
via Pecunia, 168
Tel. 0187 920127
und 347 6019704
Walter de Battè ist ein junger, engagierter Winzer mit einem wachsamen Auge für die Weinberge, wo er eine rigorose Auslese trifft, und mit für die Gegend geradezu revolutionären Kellertechniken wie Barrique-Ausbau und langen Gärzeiten. Indem er die Weine entwirft, bevor er sie keltert, holt er aus dem Cinqueterre (Wein aus den weißen Reben Albarola, Bosco und Vermentino) in der trockenen Version und mehr noch in der Sciacchetrà-Variante das Beste heraus. Die Kellerei ist klein und die Nachfrage groß, aber wenn Sie in der Gegend sind, sollten Sie unbedingt vorbeischauen.

Santo Stefano Magra

Hotel mit Restaurant

La Trigola
località Ponzano Superiore
via Gramsci, 63
Tel. und Fax 0187 630292
13 Zimmer (12 DZ,1 EZ).
Parkplatz.
Preise: EZ € 57; DZ € 67.
Das Hotel in ruhiger Panoramalage auf den Hügeln über den Flüssen Magra und Vara verfügt über jeglichen Komfort. Für € 26 oder etwas mehr, wenn Sie auf Fisch aus sind, bekommen Sie eine vollständige Mahlzeit mit bewährter Hausmannskost wie Ravioli oder Rinderlende mit Beilagen.

Einkaufen

Olivenöl

Lucchi & Guastalli
località Ponzano Superiore
via Giovanni XXIII
Tel. 0187 732016
und 368 448569
Ernte per Hand, Verarbeitung der Oliven (»Razzola« und »Frantoio«) im frühen Reifestadium, Einsatz einer modernen Mühle mit geschlossenem Kreislauf: kein Geheimnis also, sondern nur die effiziente Nutzung geeigneter Verfahren zur Herstellung eines guten intensiven und schmackhaften Extravergine-Öls.

Sarzana

Restaurants

Il Cantinone
via Fiasella, 59
Tel. 0187 627952
Montags geschlossen.
Betriebsurlaub: 1.– 6. Januar, 1 Woche im März und 15 Tage im September.
Gedecke: 68
Preise: € 37– 42 ohne Wein.
Alle Kreditkarten.
Das Restaurant in zwei gegenüberliegenden Gebäuden mitten in der Altstadt von Sarzana hat eine gemütliche Atmosphäre und eine gehaltvolle Küche. Mario und Sabrina zaubern Teigfladen mit Schalotten, Testaroli mit Pesto oder mit Öl und Käse, Lasagnette mit Artischocken und frischen Tomatenwürfeln, Tagliolini mit Trüffeln, Halbmondnudeln mit Würstchenfüllung und weißer Lauchsauce, Lamm in der Pfanne mit Kastanien und als kulinarischen Höhepunkt Rindfleisch, das nur von italienischen Tieren stammt und auf meisterhafte Weise zubereitet wird. Zum Abschluss Bayerische Creme oder Orangenpudding mit Rumcreme. Dazu gute Weine aus der Gegend und dem Rest Italiens.

La Compagnia dei Balenieri
via Rossi, 28
Tel. 0187 603537
Montags geschlossen.
Betriebsurlaub: wechselnd.
Gedecke: 55 plus 25 im Freien.
Preise: € 26–31 ohne Wein.
Alle Kreditkarten.
Dieses Lokal mit entspannter Atmosphäre und effizientem Service nahe der romanischen Kirche bietet zum Auftakt kleine Omeletts mit *bianchetti*, Röstbrot mit Tomaten und Miesmuscheln, marinierte Sardellen, Gemüsetörtchen, geröstete Paprika. Danach Klößchen mit Hummer, Tagliatelle mit Tintenfischtinte oder Meeresfrüchten, Goldbrasse, Wolfsbarsch, Roten Knurrhahn auf Inselart, Moschuskraken in der Pfanne, gegrillten marinierten Tintenfisch. Das in Kräutern marinierte Kaninchen ist eine empfehlenswerte Alternative zum Fisch. Als Dessert Waffeln aus karamellisiertem Zucker mit Creme und Äpfeln oder Birnen mit Schokolade und Zimt. Gute örtliche und regionale Weine.

Eine Kleinigkeit zu essen

Er Boteghin
località San Lazzaro
via Aurelia, 312
Tel. 0187 675115
Mittwochs geschlossen.
Betriebsurlaub: November.
Alessandro Ramaghini führt ein kleines Lokal an der Via Francigena mit Blick auf die Hügelorte, nahe des antiken Luni. 250 Weine, 60 Spirituosen, vorzügliches Bier. Außerdem eine typische Osteria-Atmosphäre und großartiger Käse, die wahre Passion des Inhabers: Die italienischen und ausländischen Spezialitäten werden mit Senf-Chutney und einer Fülle von Informationen serviert. Dazu die schmackhafteste Focaccia der Umgebung mit Basilikum, Nüssen, Schnittlauch, Getreide, Rosmarin (pur oder gefüllt). Cristina bereitet Gemüsekuchen und Desserts: warmen Apfelkuchen mit Tiramisu-Eis, Minzsahnecreme mit Schokolade, Mürbteigkuchen, Crêpes mit Ricotta und Zimt.

Forno Antico
via Landinelli, 19
Tel. 0187 622524
Montags geschlossen;
im August täglich geöffnet.
Betriebsurlaub: September.
Auch in dieser traditionellen
Bäckerei für *farinata*, die Leib-
speise der Ligurer, werden die
Fladen immer warm und duf-
tend serviert, in Stücken oder
als Füllung für Focaccia. An der
Theke kann man es sich auf
Hockern bequem machen.

Pizzeria farinata Da Silvio
via Marconi, 14
Tel. 0187 620272
Sonntags geschlossen;
im Juli, August, November und
Dezember täglich geöffnet.
Betriebsurlaub: wechselnd.
Die *farinata* einer der ältesten
Bäckereien in Sarzana wird,
noch dampfend von der Ofen-
hitze, in eine duftende Focaccia
gefüllt. Zu empfehlen ist auch
der salzige Reiskuchen.

Pizzeria forno Bugliani
piazza San Giorgio, 20
Tel. 0187 620005
Sonntags geschlossen.
Betriebsurlaub: ganzjährig
geöffnet.
Seit zig Jahren bietet diese
Bäckerei unter den Arkaden im
Zentrum ihren Gästen eine
schmackhafte, knusprige *farinata*, die, wie es die Tradition
befiehlt, im »Focaccia-Mantel«
verzehrt wird: entweder aus der
Hand oder auf einem der Hocker an der Theke oder, in der
warmen Jahreszeit, an einem
der wenigen Tische draußen.

EINKAUFEN

FEINGEBÄCK

Pasticceria Francesco
via Terzi, 16
Hier gibt es traditionelles
Gebäck wie *buccellato*, Baiser-
torten mit Weinschaumcreme
oder Schokolade, Feingebäck
und Kuchen mit frischem Obst.

Pasticceria Il Loggiato
via Mazzini, 21
Tel. 0187 620165
Die von Silvano Gemmi ge-
gründete und heute von seiner
Tochter Fiammetta geführte
Konditorei ist nach wie vor ein
sicherer Tipp für Schleckermäu-
ler. Neben dem traditionellen
Biskuitkuchen *(spongata)* gibt es
Amaretti, Pralinen, Tartufo,
Mimosentorte und *buccellato*.

WEIN UND DELIKATESSEN

Mulino del Cibus
via Cicala, 20
Öffnungszeiten: 10–13 und
16.30–20 Uhr.
Mitten in der Altstadt von
Sarzana hat das Trio, das seit
Jahren das gleichnamige Lokal in
Castelnuovo betreibt, ein kleines Geschäft eröffnet, in dem
man die im Restaurant gekos-
teten Leckerbissen kaufen kann:
unter anderem Weine, Spirituosen, Essig, Öl, Getreide, Saf-
ran, Honig, Nudeln, Marmeladen
und andere Spezialitäten.

WEINERZEUGER

Il Monticello
via Groppolo, 7
Tel. und Fax 0187 621432
Alessandro und Davide führen
den kleinen Familienbetrieb auf
den Hügeln um Sarzana: Erste-
rer ist für die Weinbereitung,
Zweiterer fürs Geschäftliche
zuständig. Von den zehn Hektar
des Familienbesitzes sind fünf
mit Vermentino, Sangiovese,
Canaiolo, Ciliegiolo, Pollera und
Merlot bestockt, aus denen
vier Weine erzeugt werden: der
Podere Paterno, der vom Kontakt mit Holz profitiert, der
Poggio dei Magni aus ausgewählten roten Reben, der »rus-
tikale« Rupestro und der normale Vermentino. Il Monticello
bietet auch Bed & Breakfast:
Zwei hübsche, perfekt ausgestattete Mini-Appartements stehen Besuchern dieses Stück-
chens Ligurien zur Verfügung.

Santa Caterina
via Santa Caterina, 6
Tel. und Fax 0187 629429
E-Mail: akih@libero.it
Andrea Kihlgren, Sohn eines
schwedischen Vaters und einer
italienischen Mutter, hat nach
seinem Abschluss in Philosophie
beschlossen, im mütterlichen
Betrieb Weine mit Charakter zu
erzeugen. 28.000 Flaschen sind
das Ergebnis der Bewirtschaftung von etwa 6,5 Hektar meist
sandigen Terrains, auf dem die
Reben im Guyotschnitt erzogen
und stark zurückgeschnitten
werden, was für einen niedrigen
Ertrag sorgt. Alle sechs Weine
lohnen sich probiert zu werden.

Sesta Godano

Restaurant

La Taverna dei Golosi
frazione Cornice
via Giudefora, 13
Tel. 0187 897065
Montags geschlossen.
Betriebsurlaub: zwischen
September und Oktober.
Gedecke: 35 plus 20 im Freien.
Preise: € 32–34 ohne Wein.
Alle Kreditkarten außer AE.
Die Kulisse ist ein kleines Dorf auf einem Hügel; in einen Häuserblock zwängt sich das Lokal, das Massimo Santamaria mit seiner Frau Francesca betreibt. Mit landwirtschaftlichen Geräten und schönen Flaschen dekorierte gemütliche Räume und ein je nach Jahreszeit wechselndes Speisenangebot. Kräuter und Gemüse, Pilze oder Trüffeln, Geflügel oder Wild: Perlhuhnterrine mit süßsaurer Sauce, Auberginenpastete mit Ziegen-Ricotta, Colonnata-Speck und Salzfleisch mit hausgemachter Oliven- und Rosmarin-Focaccia. Als Primo Mangold-Ricotta-Tortelloni, Stracci mit Löwenzahn, gewellte Bandnudeln mit Pesto oder Zucchini. Als Hauptgericht vor allem Fleisch und Gemüse: Kaninchen mit Oliven und Rosmarin, Lammfrikassee mit Artischocken, gespicktes Schweinskarree, Rinderkeule mit Kartoffeln, geschmortes Wildschwein mit überbackener Polenta. Gute Käseauswahl, viele erlesene Weine und Spirituosen.

Varese Ligure

Museum

Museo Contadino
località Càssego
Tel. 0187 843005
Das 1975 eröffnete Museum dokumentiert die Tätigkeiten der Bewohner des Vara-Tals: die Getreide- und Kastanienernte, die Brot-, Käse- und Weinherstellung und die Verarbeitung von Hanf und Wolle.

Übernachtung

Gli Amici
via Garibaldi, 80
Tel. 0187 842139
3 Sterne, 51 Zimmer.
Preise: Halbpension € 39;
Vollpension € 44.
Alle Kreditkarten, Bancomat.
Vom 23.12. bis 6.1. geschlossen.
Das von den Inhabern des gleichnamigen Lokals geführte Hotel mit über hundertjähriger Tradition empfiehlt sich für Ruhe suchende Urlauber.

Restaurant

Gli Amici
via Garibaldi, 80
Tel. 0187 842139
Mittwochs geschlossen;
im Sommer täglich geöffnet.
Betriebsurlaub: zwischen
Weihnachten und Neujahr.
Gedecke: 170
Preise: € 21–24 ohne Wein.
Kreditkarten: AE, CartaSi, Visa.
Seit mehr als 200 Jahren führt die Familie Marcone dieses Lokal im eleganten Stil des frühen 20. Jahrhunderts. Die Küche schöpft aus dem Rezeptbuch des ligurischen Hinterlands: kleine Gemüse- und Grießkrapfen

mit Wurst und Gemüse in Öl, Fleisch- und Gemüse-Ravioli mit Ragout oder Pilzen, *croxetti* mit Pesto, gegrillte Forelle. Als Hauptgericht besonders zu empfehlen die geschmorten Rouladen *(tomaxelle)*, das Lammfrikassee, das Ofenlamm und die gefüllte Kalbsbrust. Zum Abschluss Mürbteigkuchen mit hausgemachter Marmelade oder leckerer *buccellato*. Der Hauswein ist ordentlich, aber es gibt auch eine kleine Karte mit piemontesischen, toskanischen und den besten örtlichen Weinen.

Einkaufen

Käse

Cooperativa Casearia Val di Vara
località Perazza
Tel. 0187 842108
Die 1978 gegründete Genossenschaft zählt rund 100 Mitglieder und verarbeitet die Milch aus etwa 60 Ställen. Seit 1994 wird mit einigem Erfolg Käse hergestellt. Von den frischen Produkten ist die Mozzarella zu empfehlen; beim mittelalten Käse sollte man den »Borgo rotondo« (»Runder Ort«, eine Hommage an die Altstadt von Varese) probieren. Zur Genossenschaft gehört auch ein Versuchszentrum für den Bio-Schweinemastbetrieb.

Käse, Wurstwaren, Pilze und Feingebäck

Alimentari De Vincenzi
piazza Vittorio Emanuele, 55
Tel. 0187 842403
In diesem Geschäft werden kulinarische Traditionen auf besondere Weise hochgehalten. Neben Käse aus örtlicher Herstellung, einigen schmackhaften Wurstspezialitäten, Trockenpilzen und ausgezeichnetem Kastanienmehl gibt es auch hervorragende Backwaren, darunter *basciulan* (eine Art Panettone-Kringel) und Kekse namens *sciuette*.

Macelleria Jhonny e Katiuscia
via Umberto I, 16
Tel. 0187 842155
Aus Schweinen, die vorwiegend aus der Provinz Mantua stammen, stellt diese Fleischerei Wurst her, ohne etwas anderes zu verwenden als Fleisch, Salz, Gewürze und die gesetzlich zugelassene kleine Menge Nitrat. Dann werden die Würste abgehangen (was bei Salami vier bis fünf Monate dauert), bis sie die richtige Geschmacks- und Geruchsreife erreicht haben.

Vernazza

Übernachtung

Albergo Gianni Franzi
piazza Marconi, 1
Tel. und Fax 0187 812228
2 Sterne, 22 Zimmer.
Preise: EZ € 31; DZ ohne Bad € 52; DZ mit Bad/WC € 62; (kein Frühstück).
Alle Kreditkarten.
Vom 7. Januar bis März geschlossen.
Das Hotel in dem angeblich schönsten der »Fünf Orte« hat verschieden eingerichtete Zimmer, nicht alle mit eigenem Bad. Doch diese Komforteinbuße wird durch einen Besuch des Restaurants (80 Plätze drinnen und ebenso viele draußen, mittwochs geschlossen) wettgemacht, in dem Sie die Klassiker der Meeresküche genießen können: Sardellen und Miesmuscheln in mehreren Varianten als Vorspeise; Penne mit Scampi, Gemüse-Ravioli mit frischem Fisch-Sugo, Sardellen im Topf, Fisch aus dem Ofen und Grillplatten. Für das Essen bezahlt man € 36–39. Das Hotel steht nur für die Übernachtung zur Verfügung.

Restaurant

Gambero Rosso
piazza Marconi, 7
Tel. 0187 821260
Montags geschlossen.
Betriebsurlaub: November bis 1. März.
Gedecke: 70 plus 50 im Freien.
Preise: € 29–42 ohne Wein.
Alle Kreditkarten.
Das Lokal von Lina und Agostino D'Ambra bietet sommers wie winters ein reizvolles Ambiente: Im ersten Fall dient der Platz am Hafen als Kulisse, im zweiten die Felswände des Gastraums. Kredenzt werden Salat mit Krebsen, Tintenfisch und Miesmuscheln, geröstete Paprika mit Sardellen, dann Fisch-Ravioli mit Miesmuschel-Sugo, Risotto mit Tintenfischtinte, Zitronenreis mit Garnelen, gefüllte Miesmuscheln, gegrillter Fisch, Sardellen im Topf. Die Frische der Zutaten garantiert Sohn Franco, Fischer von Beruf, während die Desserts das Werk der Tochter Tania sind, die auch für den Weinkeller und die Auswahl des jeweils passenden Extravergine-Öls zuständig ist. Vier hübsche Zimmer laden zum Bleiben ein.

Weinerzeuger

La Polenza
via San Bernardino, 24
Tel. 0187 821214
Fax 0187 812364
Der junge Betrieb erzeugt einen Cinqueterre mit intensiver, ins Goldgelbe spielender strohgelber Farbe, vielfältigem Geruch und gutem Geschmack.

Verzeichnis der Orte

Ameglia 136–137

Beverino 161
Biassa 101–102
Bocca di Magra 137–139
Bonassola 31
Borghetto di Vara 150–151
Brugnato 153, 157–161

Cadimare 90
Calice al Cornoviglio
 157, 159
Campiglia 92, 94
Carro 154
Colle del Telegrafo 67–69
Corniglia 46, 48–50
Corvara 148, 150

Fegina 19
Fezzano 90
Fiascherino 128
Fossola 94

Groppo 52–53

La Foce 146
La Serra 130
La Spezia 102–115
Le Figarole 130
Le Grazie 87–88
Lerici 117–128
Levanto 28–31

Manarola 51–60
Maralunga 128
Marola 90
Monesteroli 94
Montemarcello 130, 132,
 135–136
Monterosso al Mare
 19–34

Palmaria 131, 133–134
Pignone 150
Ponzò 148
Portovenere 76–87
Prevo 45
Pugliola 139

Riccò del Golfo 148
Riomaggiore 60–71
Rocchetta di Vara 159
Romito Magra 139

San Bernardino
 45–46, 48
San Terenzo 115–117
Santo Stefano
 di Marinasco 146
Santuario di Montenero
 67–69
Santuario di Soviore
 37–39
Schiara 94
Sesta Godano 153
Solaro 139
Suvero 159

Tellaro 128–130
Tinetto 131, 133–134
Tino 131, 133–134
Tramonti 92, 95, 98–102

Varese Ligure 153–155
Varignano 88–90
Vernazza 36–43
Volastra 50, 55–57

Zignago 157–159